轉念，遇見幸福

美好人生的80個心靈法則

彭蕙仙著

〈推薦專文〉

我正體驗人生的奇異恩典

林宏修

收到蕙仙姊妹捎來的信函，邀我爲其大作寫序，實感受寵若驚。但隨即看到厚厚一疊的書稿，並直覺翻到最後一頁，看到一共八十篇短文、兩百多頁，心中不免開始焦慮了起來。原因是思考自己目前的時間表，每年在此時刻是最忙碌的時刻。除了工作的時間已排滿外，教會及家中仍有許多事務須處理。每天僅有早晨起床後一段時間可讀經與神親近外，實在抽不出時間閱讀其他書籍。於是心中燃起一個念頭，想撥個電話、或是用現代人最好用的逃避方法 E-Mail，婉拒她的一番好意。誰知卻忙碌到連這件事都無法完成。

由於剛好有個機會要下高雄洽公，於是心想也許可在手機收訊非常不好的高鐵上拜讀大作。於是前一晚便將書稿放進公事包中。

第二天早晨上了高鐵，講了幾通電話後，果然在收訊不良中斷了訊號，想起了此書，於是拿出閱讀，結果讀後一發不可收拾。從板橋一路讀到左營，不僅毫無中斷，甚至幾乎讀完。

並非我閱讀神速，而是每篇短文中都是蕙仙姊妹的生活經歷，有與父母兒女的互動、教會兄弟姊妹周遭的生活故事。由於幾乎這些故事同樣的都發生在你我中間，故讀起來總是心有戚戚焉的感受。更難得的是還將非常契合的經文金句置入，用這些生活小故事來詮釋，使得聖經這本偉大經典的話語更加淺顯易懂，且活化了起來。

聽起來本書如此易讀，並在二小時內就可讀完，似乎十分不合經濟效益！其實不然。因每篇短文中加上了金句引導後，更成爲適合小組或讀書會研討的分享材料。

當我讀完本書後心中起了疑惑，原以爲本書只提供教會內的弟兄姊妹使用的工具書，但一篇篇雋永短文映照每個人的生活令人津津有味，所以更加確認這是一本可以跨界給其他朋友的福音預工書籍。

我終於明白爲何我能有幸受邀參與本書，因蕙仙姊妹與我們所做是一致的。只是我們所使用的方法不同。我使用的是音樂出版，而她亦用專長以文字出版來跨界接觸所有朋友。期許將聖經及信仰帶給她的幫助分享給更多人。願神賜福祂自己要成就的工作，並期望本書成爲所有人的祝福。

PS.幸好我沒能有時間打電話或 E-Mail 婉拒，而有幸參與蕙仙姊妹此工作的配搭，也讓我眞實體驗到人生的奇異恩典。

二〇〇七年十一月十五日，于高鐵回程，正接近台中站

（本文作者爲磐石製作公司總經理）

〈推薦專文〉

人生不能只有放下，還要放心

廖元威

開始注意到蕙仙的文章，是在中時網站上。她不僅有自己的部落格，更屬時報編輯群的一員。能在其中發表文章的人，都頗具功力，各有特色。然蕙仙與眾不同，主要在於她沒有隱藏自己的基督信仰立場；而這些影響價值觀的理念，她都表達得相當自然。

在針對政壇時弊或文化現象的文章裡，珠璣的文采透露了她豐富的知識、敏捷的思想和犀利的筆鋒。若進入個人部落格，讀她二〇〇六年的每日靈修，除了篇篇都是信仰生活的反思之外，洋溢的則是敬虔、寬廣、體恤與溫馨。越讀蕙仙的文章，就越發感受到，她對於信仰與人生確實有深刻的體驗，有獨到的見解。各位手中的這本書，就是她精選八十篇，集結成冊的呈現。

你可以把這本書當作勵志小品來閱讀，因為談的都是生活的議題、人生的道理。它的範圍很廣，從品格、生命、人際，一路談到各類奮鬥的故事，但沒有一篇不是出於經驗與領悟。若說蕙仙在政論性文章分析的是他人與時弊；那麼這些靈修默想的短文，有不少深刻的省思，而且是勇敢、誠實面對自己之後才下筆的結晶。

古希臘哲學家曾教導世人要認識自己，更有人提出了後世喜歡引用的說法：「一個人最大的敵人就是他自己！」十六世紀的神學家加爾文卻說，認識上帝與認識自己，二者息息相關。在蕙仙的文章中，我看到一個因著認識上帝，而深刻認識自己與時代的人。在〈尊榮以前，必有謙卑〉中，她談到人的各種霸氣，她承認，過去她擁有一種「積極者的霸氣」。多數人應該會同意，積極是美德，是達到成功、有所成就的基本要素，有此特質者若引以爲榮一點也不奇怪。可是蕙仙卻在更深認識自己之後，可以坦然的面對這個可能變成缺點的優點，並警惕自己，不要落入驕傲、缺乏同理心的陷阱裡。

讀者可能會訝異，一個興趣廣泛、表現優異的「積極者」，竟然可以體會出〈忙與不忙在於心境〉，並很中肯地將她的想法娓娓道來。但千萬別誤會，這位積極者沒有變成凡事替自己找藉口的偷懶者，她的結論乃是：「……一個人可以事情很多但依然不忙。這是我的體會，也是我的一種練習。……與神同行，天天安息。」對於我這個正在北美度過「安息年」，卻又同時面對研究與寫作壓力的人，有很大的啟發。

可能因著個人處境，我格外欣賞蕙仙所寫與安靜以及享受當下等相關文章。然而她的體會與意境，已經不是用消極或積極可以做簡單二分的。在〈安靜，才有力量〉文內，她提到羅文的歌〈塵緣〉。不錯，因著優美的旋律、詩意的歌詞，加上羅文吟唱的詮釋，道盡了塵緣中的無奈、惆悵、夢幻與幽幽嘆息。蕙仙堅定的指出，這樣淡淡的疏離是個「不完全的狀態」，人至終需要經驗歌中未曾道出的「一種靠岸的安靜」，因爲「人生不能只有放下，還要放心；把心放在上帝手中。」我深切盼望，這八十篇每篇千餘字的短文，能讓許多人在把心放在上帝手中的歷程中，發揮令人欣悅的推力！

二〇〇七年十一月於加州 San Ramon

（本文作者爲中華福音神學院教務部部長）

〈自序〉

活出上帝豐富的愛

表面看起來，這幾年我的人生並不「如意」，這裡說的「如意」當然指的是「如我自己的意」。我與苦戀十年的男友分手；健康方面出了狀況；工作上更是陷入迷失。感覺起來，進教會（二〇〇三年秋末）前，我的人生過的好像還比較OK，衝衝衝，衝得熱鬧有勁，怎麼有了信仰之後，反而備嘗冷淡滋味？

二〇〇五年年中，上帝感動我，要我準備在二〇〇六年開始，每日書寫一篇靈修文章放在部落格上。起先我並沒有把這件事放在心上，第一，我自認信仰的火候差得很，沒有資格做這事；二來，我的部落格在《中時電子報》上，傳媒的性質很強，把信仰放在這樣的部落格上，我不確定妥當與否。其三，雖然我是個愛寫的人，但是「自由自在地寫」跟「每天一定要寫」，感覺完全不同，我不想給自己這種壓力。

到二〇〇六年一開始，上帝的話語根本是不打折扣地來到，我就順服了，心裡只說，上帝啊，你是知道我能力的，既然你老人家要我這樣「獻醜」，就麻煩你要負責到底吧。

上帝果然爲我負責到底。一整年中，除了兩次或三次接收出問題，沒有辦法當日PO

文之外，其餘全都在當天貼上，包括兩次出國。我親身經歷了上帝的大能，約略體會到保羅說的：「我更喜歡誇自己的軟弱，好叫基督的能力覆庇我。」（〈哥林多後書〉12章9節）這種感受是向來習慣「自立自強」的我，很少體會的。

在這個世界上，我們總要強調自己的能與強，總要讓人（也包括讓自己）覺得自己是個能幹有用的人才行。這套生存的遊戲規則曾讓我「如魚得水」，這些年，我卻備感挫折，特別是在新聞工作上，我幾乎失去了「定位」，不知如何使力才好，才對；許多年來，我幾乎是在工作中定義自己的存在感，我不知道若是不再能夠「日行千里」、「肩挑重擔」、「眼觀四面」、「下筆春秋」，我還有什麼價值呢？

寫作靈修部落格像是個深沉的自我認識與治療過程，我在寫作中發現了自己生命裡面那些灰暗痛苦的角落，並且在上帝的愛中，學習與那個自我形象極差的自己和好，認識到，人類之所以是「human being」而不是「human doing」，是因爲上帝愛我的本相本性、就是單單愛我，不是因爲我做了一大堆事情，所以才能贏得上帝的愛；這個認知對像我這樣一個一直在追求所謂的「要有出息」的人來說，是個極大、極大的解脫（relief）和安慰，我相信也是我自在幸福過日子，活出上帝的愛的開始。

這才漸漸理解到，我這幾年在人生各個領域的「停滯」狀態，其實是爲了與上帝更多對話的一個準備；我從所謂的成就感與喧囂滿載的生活裡「被迫」撤退，爲的是把更多空間留給上帝。

上帝的話語是靈修的基礎，《聖經》有些部分我閱讀多次，每次都有很新鮮的感受，手舞足蹈，無限感動；但有時也有點像盡義務一樣，囫圇吞棗趕完當天的進度；感謝神，這一切過程祂都知道，對於我的軟弱疏懶，有時祂勤管嚴教，有時祂溫柔扶持，用最適切的方式帶領我一步一步透過寫作靈修部落格更深地認識祂。

我自己在寫作部落格時，並未思及出書的事，沒想到，啓示出版社總編輯彭之琬和主編黃美娟竟然不棄，她們跟我聯絡，表示希望將這個部落格裡的文章結集成書。美娟花了很大的功夫從一年三六五篇中挑選出了八〇篇與生活體會關係較密切的文章，經過編整與改寫後，成爲讀者您現在所看到的這本書。這本書的內容雖取自於我的靈修部落格，但因爲美娟的巧思布局與巧手編輯，風貌已和部落格很不同了，跟生活體會的連結性更多也更強了些。在此特別感謝美娟。

我也要謝謝我的老師，中華福音神學院教務部部長廖元威老師、傳媒界尊敬的前輩，台灣奧美集團白崇亮董事長，以及音樂才子，磐石製作公司總經理林宏修的推薦；廖老師現在正在美國過他的「安息年」，我本不該打擾；白哥自己最近也出版了一本新書《勇於眞實》，行程早已滿檔；而適逢聖誕節季，宏修的工作同樣也是特別地多；但三位推薦人竟都願意耐心閱讀稿件並熱情相助，他們的愛護，我銘感在心，他們的溢美，我受之有愧，願將一切頌讚榮耀歸與上帝。

目錄 CONTENTS

第一部
與人對話

第1章 幸福家庭

1 多陪伴，少批評

默想：調晚班前，我每天晚上都陪媽媽看一個小時的八點檔連續劇，對我來說，這是一段非常痛苦的時間；八點檔人物可以死而復生、失蹤再現，愈看，我只能愈生氣。

我發現這個時間的連續劇，劇情都非常暴力，而且人物性格扭曲，裡面的角色幾乎都是用吼叫的方式說話，看起來實在很不舒服，常常讓我坐不住，常常想逃；可是我不忍心讓媽媽一個人坐在電視機前，所以只能耐著性子看下去。

我爲台灣的老人感到悲哀，他們是忠實的觀眾，卻只能有這麼爛的節目。

我跟媽媽溝通過很多次，可不可以不要再看這種劇了，但她因興趣的關係，不喜歡太複雜的劇情，這種再三重複的劇情對她的理解力是剛剛好。但我看得痛苦，三不五時批評，後來我發現媽媽心裡其實很不好受，因爲我批評劇情惡質低劣，其實也等於是在鄙視她的品味；媽媽或許渴望女兒陪她，可是姿態這麼高高在上的陪伴，眞的能給媽媽帶來安慰嗎？將心比心，如果我的女兒陪我做什麼時，一臉勉強或是不爽，我可能寧願她離我遠點。

但我眞的受不了，便嘗試各種解脫的辦法，像是一邊陪一邊看報、一邊陪一邊寫東西……。但媽媽不會希望我是用一種「木頭人」的方式坐在客廳吧，人到心不到，美其名爲「陪」，其實只是在應付；媽媽的心會受傷。

媽媽一整天都是一個人待在家裡，晚上還要一個人守著電視，我眞的很不忍；看這種八點檔的白癡劇情又會令我抓狂，我到底該怎麼辦？我將此事放在禱告裡。

神光照我：「這一個小時，妳主要的目的是什麼？」

「陪媽媽。」

「那好，妳就把這一個小時當作服事，服事，不是從妳的感受出發，而是從對方的需求出發。」

我的心豁然開朗。

這一個鐘頭時間的目的很明確，我分別出來就是爲了陪媽媽、就是爲了跟媽媽聊聊天、就是爲了讓媽媽心裡得著安慰；我做這件事的目的從來就不是爲自己的娛樂，因此也不必把自己的喜好與品味擺在前面，而要讓媽媽覺得這是一段可以跟女兒說說話的時間；放輕鬆一點，讓媽媽看見我是樂意開心，否則，其實老人都是很敏感的，他們很容易就會感覺到自己惹人嫌。

後來我陪媽媽看電視時，便試著融入劇情裡，嘗試學習接受媽媽天天依賴的電視，做一個眞正的觀眾，跟媽媽討論劇情；不再批評也不再流露不屑。

壯年兒女因爲自己正處在生命的高峰，總是一副活得很有價值的模樣，不自覺流露出的優越感，常常一不小心就會讓已經沒有辦法做什麼「大事」的老年父母自慚形穢。我想，這是我需要注意的：不要隨意批評年老父母所做的事，他們很容易失去自信心，如果能夠，多陪伴、多鼓勵，別給太多意見。

你們當以基督耶穌的心為心。

——〈腓利比書〉2章5節

分享與討論：

一、不久前有份雜誌提醒台灣已有所謂的「長壽風險」，也就是當人們活得愈久，就愈要擔心錢不夠用以及健康變差等問題。台灣六十五歲以上人口的比例已經超過百分之十，早就是聯合國定義下的「高齡化社會」（百分之七以上即是），而老人除了會有安養的需要之外，還有一個很重要的問題是心靈的寂寞，這是另一種長壽風險。因為人年紀愈大，就愈容易被忽視，年輕人常以為人老了，感官變遲緩了，所以對很多事情都「沒有感覺」，實際不然，老人家的心靈還是敏感而敏銳的，他們只是把委屈放在心底，不想多說而已。

二、請分享你是否有陪伴老人的經驗，你們從事什麼樣的活動，而你的感想和收穫是什麼。

2 不離不棄

默想：有個朋友和婆婆纏鬥了二十年，從剛結婚時與婆婆住在一起、然後憤而搬出獨立、後來婆婆生病，朋友和先生又不得不把婆婆接來同住以便照顧……。這一路，她走得辛苦委屈。在婆婆告別式上，親友輪流上台述說婆婆是一個怎樣、怎樣的好人；朋友迷惘了……

是她錯過了什麼嗎？這個別人口中的大好人婆婆，對她來說，竟是如此陌生。我和朋友一家人均很相熟，知道她們都是負責盡職的好女人，可嘆，兩個還不壞的人，做了婆媳，卻好像註定了難以和睦。

難怪台灣連續劇最常見的題材就是婆媳衝突。

我想到《聖經》裡，兩個非常溫柔善良的女人所譜出的一段難得的婆媳情。

以色列人以利米勒因爲老家發生飢荒，帶著妻子拿俄米和兩個兒子去外地寄居。後來以利米勒過世，兩個兒子各娶了當地人爲妻，一名俄珥巴、一名路得。十年後，兩個兒子也死了。

拿俄米決定返回老家，因爲耶和華賜糧、荒年已過。但她心疼年輕的媳婦，就跟她們說不必跟著我回去了，我不能再照顧妳們、妳們各自回去尋找自己的幸福吧；兩個兒媳千思萬想，最後俄珥巴萬般不捨地離開了，路得則決定陪著年邁又孤獨的婆婆返鄉。

回到老家後，這對婆媳遇上了一個好心的大地主波阿斯，拿俄米開始為自己的媳婦籌算，想了些辦法讓路得有機會接近波阿斯，她對路得說：「女兒啊，我不當爲妳找個安身之處、使妳享福嗎？」（〈路得記〉3章1節）

路得不是當地人，不了解當地有個習俗是，男子過世且無子嗣，親族中至親的人要將男子所留妻子娶回。波阿斯具有一點血緣關係，又有經濟條件可以照顧路得生活，拿俄米認爲可以將路得託付給他，因此教路得用了些方法，促成他們的姻緣。

世上有幾個媳婦在先生過世、舉目無親的情況下，肯陪婆婆回到對她來說根本是陌生地的婆婆老家呢？世上又有幾個婆婆會對單身媳婦的幸福掛念到肯爲她出計、想盡辦法要把媳婦再嫁出去呢？

這對婆媳真的是用最深的愛來待對方，愛就是心疼、就是憐惜、就是捨不得看對方受傷受苦；愛，就是一顆牽掛的心。當人生遭逢變故、充滿未知的時候，拿俄米與路得首先想到的總是對方，對方的安危、健康、需求和幸福，在她們的心心念念裡：拿俄米怕連累路得，要她走，路得卻怎麼趕也趕不走，一心要待在婆婆身邊，還說了「你往哪裡去，我也往哪裡去」這樣動人的一番話。雖然媳婦一起來了，但婆婆還是想怎麼樣可以為路得找一個新的歸宿。這對婆媳，真是勝過人間情緣無數啊。

能夠這樣，是因爲她們同心信仰耶和華，擁有相同的價值觀；她們不擔心在那個不平靜的時代，一老一少的兩個寡婦怎麼過日子？不，她們並不憂慮，因爲這對婆媳知道耶和華的眼目眷顧、也知道彼此互相照顧，日子過得並不孤獨。拿俄米和路得是讓人羨慕與敬佩的典範；鄰居就跟拿俄米說，妳有這兒媳婦勝過有七個兒子呢。

世上少有眞正的壞人，只是彼此能沒辦法拿出「愛」來愛對方，若一顆心不能爲對方柔軟，那就很難多期待什麼了。而拿俄米與路得之間的愛得到了深深的祝福：路得與波阿斯生下一子，這兒子就是大名鼎鼎的大衛的祖父，而大衛的子孫是——耶穌。

有這麼深的愛的家，就有耶和華這麼深的祝福與這麼高的尊榮，一路傳承。

路得說：「不要催我回去不跟隨你，你往哪裡去，我也往哪裡去；你在哪裡住宿，我也在哪裡住宿；你的國就是我的國；你的神就是我的神。」

——〈路得記〉1章16節

分享與討論：

一、婆媳、妯娌之類的關係，常常被人形容成是「兩個女人的戰爭」，並不是女人心眼小、器量窄，而往往是因為女人太重情，但她們眼中只有自己所重視所關愛的那個人，她們的愛甚至專一、強烈到未能思及她們所愛的人的其他人際網路，以及其他人情世故的程度，於是就與其他人有了衝突，因為這樣的愛有疆界領域之限。我們應該學習把心放遠，理解到表達愛的最佳方法是聯結而不是隔絕，讓我們所愛的人因為我們的愛，與世界有更多的交流，人生更寬闊。

二、請分享你看過最美好的婆媳關係的例子。

3 愛的界線

默想：有個姊妹談了她和母親之間的故事，我想在今天高齡化的台灣，「老人問題」以及衍生的親子關係，是一件非常值得重視的事。她的故事對基督徒理解「孝順」這件事，或許也可以產生不同的思考方向。

姊妹說，如同許多老人，她的母親也常常無所事事的一個人在家，因爲家裡其他的人上班、上學都忙，很晚才回家。她的母親生活圈子窄、也沒有什麼生活興趣，所以在家時就看電視，而且鎖定電視新聞，從早看到晚。

台灣的電視新聞每一小時播一次，看起來好像很熱鬧，實則很多「老人不宜」的新聞，太多激情，姊妹常要媽媽別再看新聞，出去參加活動，但母親不願意。很多老人其實都滿自閉，鎖在自己的小小圈子裡。

因爲生活裡沒有其他的話題，所以這位姊妹的媽媽只要跟她說話，重點只有一個：「我今天這裡不舒服」、「那裡很痛」。從某個角度來看，很多老人家對自己的健康都有些過度關切，愈關切就愈覺得渾身不對勁，又因爲年紀大了，很沒有安全感，於是，他們與人談話時，永遠關心的是自己。姊妹透露，她對這種重複再三的話題實在不耐煩；然而，你要叫一個足不出戶的老人家談什麼呢？

這位姊妹認識很多老而有活力的人，她和媽媽分享這些人的故事，內心希望能給媽媽一些學習的典範，畢竟人老了之後，的確身體健康方面不會太如意，但還是可以活出不錯的生活。

有一天，母親憤怒地要她以後不要再跟她說這些事，因爲媽媽說自己壓力很大，「我就是做不到這些人做的，你不要逼我。」姊妹這才訝異地發現，老人家接收到的訊息和她想要表達的初衷差這麼多——她開始反省：自己是不是在無形中，眞的帶給母親很大的挫折感、讓媽媽老是看見自己的「不能」？對一個自信不足的老人家，一直說這個老人如何上進、那個老人又多麼棒，確實非常不體貼；說得愈多，愈傷人。

姊妹指出，她和媽媽倆眞是互相「夏蟲不可語冰」：她不能理解爲什麼會有人寧可天天在家一直等著看兒女、孫子何時回來，也不願自己走出去；媽媽則不能理解她爲什麼總是興致勃勃。姊妹說，她明白，總用自己的生活觀去逼迫媽媽，眞的不對，讓媽媽非常不安。

姊妹說，因爲生活在一起，所以媽媽的孤獨給她很大的壓力，「想到媽媽整天一個人在家，就讓我非常難受，」於是她才會越俎代庖一直想爲老媽安排活動，不過，這似乎不是媽媽需要的，母親感受到的只有「女兒一直嫌我不努力、不進步」的嫌棄。

在與媽媽如此拔河的十多年中，這位姊妹漸漸體會到：第一，有些老人就是沒有獨立行動的能力（不是所有的老人都是「自強老人」），需要有人帶著走。任何團體、活動，如果做兒女的有時間陪媽媽去再跟她提，否則就閉嘴，免得給媽媽帶來壓力，因爲老媽擺明了就是不可能自己去參加，說得太多只會讓母親覺得被逼迫。

第二，媽媽年紀大了，做兒女的要尊重她對自己生活的安排，她自覺舒服就好，不要把年輕人的價値觀加在老人家身上。

第三，也是這位姊妹最近才有的體會：每個人的生命都是獨立的個體，他的生命光景是他自己選擇的結果，「我不需要也無法把媽媽的寂寞全部揹在自己的肩膀上，否則我會一直活在歉疚中，走不出來」，她終於體悟到：「我不可能爲媽媽的人生負責。」

許多事，終究有界線。這個界線是對長輩的尊重，也是對自己的尊重。

我們知道律法原是好的，只要人用得合宜。

——〈提摩太前書〉1章8節

分享與討論：

一、我們對別人的期望總有很好的出發點，但那往往是主觀的，從自己的經驗、價值觀出發，對別人不一定適用，即使是愛，也恐怕讓人難以消受，特別當關係愈是親密，這種壓力就愈是大，因為他不能認同卻又難以拒絕。每當我們自覺「推」不動什麼時，不妨先停下來，靜靜地從那個「被推者」的角度來觀察來思考，或許我們會看到完全不同的風貌，也會有完全不同的感受。

二、請分享你是否有過「放下自己的主觀認知，以感同身受的心」去感受別人的經驗，其結果如何？

4 主動彌合親情

默想：家人親族之間的恩恩怨怨，是最難化解的，你可以對一個外人溫柔、有耐心，可是就是很難對日日親近的家人輕聲細語。服事外人容易，服事自家人，真不簡單，畢竟我們太熟悉也太了解彼此了；生命歷程有太多重疊，這些重疊且彼此干擾的生命經驗，成為我們相愛的障礙。

有個姊妹，在眾人眼中，她是個不錯的好人，心地善良、心思敏銳而且是個熱心的行動派，可是她和姊姊的關係卻十分生疏，她也承認，她對姊姊就是沒辦法拿出耶穌精神，「從小到大……唉，累積太多愛恨情仇了，走不出來。」因爲姊姊一路走來始終優秀，家人朋友無不讚譽有加，她眼中的姊姊驕傲跋扈，又得到父母所有的愛……。

她與姊姊這無法言喻甚至於她自己也不想面對的疏離，遂成了她信仰生命中的一個缺口，一個時不時會將上帝的恩典與喜樂漏失出去的罅隙；她自己也知道。

原生家庭裡的許多往事，雖說不堪回首但其實卻也不能放下；弟兄姊妹間一路「扭大著長大」，即使我們早已經成長、在人生各就各位地生活著，卻好像仍然沒有辦法超越過往苦毒的追緝。

我們很清楚神在這件事情上的教誨，「所以你在祭壇上獻禮物的時候，若想起弟兄向你懷怨，就把禮物留在壇前，先去同弟兄和好，然後來獻禮物。」（〈馬太福音〉5章23、24節）當我們從神那裡得到了深刻豐富的愛、經歷生命的更新變化，無可逃避的，神接著要我們去面對的，往往是最深最沉的，與家人那幾十年未得清理的糾葛纏累。當我們要在神面前擺上、敬拜讚美時，神說，我們要去處理那未得醫治的、來自家人的傷害；神要我們先去處理與家人之間的關係。

我們中間總要有一個人先開始。如果神感動你作這個「彌合親情」的發動者，神會爲你負責。

雅各年輕時對哥哥以掃做了很不好的事後嚇得逃走，兄弟二十年沒有見面，後來神讓他有了思家之情，可是想到自己當年那樣得罪過哥哥，實在很怕哥哥翻出舊帳，那他返鄉豈不是自投羅網？但神有吩咐，雅各也眞的想念家，爲了回去，他做了最壞與最謙卑的打算，他把人畜分成兩隊，心想即使有一隊遭到攻擊，另一隊還有機會逃跑；雅各還準備了極爲豐富的謝罪禮。

幾乎是懷著忐忑不安的心情，雅各一路前進。沒有想到，其實以掃也非常思念弟弟，看到大批牲畜禮物，以掃根本不要收，只要見弟弟。如果雅各沒有聽神的吩咐主動去見以掃，他可能始終被自己當年的所作所爲給捆綁著，走不出罪咎羞愧，他的人生，一輩子有個陰影壓迫著他。當然，不往與弟兄和好的路走出來，他一定不會知道，其實上帝也預備好了以掃的心。

當神問起你弟兄何在時，不要回答：「我不知道，我豈是看管我兄弟的嗎？」（〈創世記〉4章8節）因爲神是在提醒你，若是你仍與家人不和、不聯絡，現在該是處理這件事的時候了。

以掃說：「兄弟啊，我的已經夠了，你的仍歸你罷。」

——〈創世記〉33章9節

分享與討論：

一、傳統上很多人對家族裡的怨恨憤怒，採取的是「埋葬法」或者「忽視法」，根本不去面對，期望隨著歲月，大家會自然而然忘記，但這種做法效果卻常常並不好，因為負面情感很難只靠壓抑就沒事，畢竟家族親人心中長年累積的並不只是情緒，而是盤根錯節的複雜利害關係和人倫壓力，逃避不是好辦法，因為你放不下、逃不了，但猛然面對也不行，總要經過好好的準備，透過深沉的醫治釋放，把自己放在一個更大的愛裡面，才能把生命中曾經遭遇的苦毒傷害，一件一件挪去。有時，這會是個漫長的過程，要有很多耐心，但是別急，上帝與我們同工，祂有祂的節奏。

二、你的家人親族是否有「說不出口」的分裂與痛苦，你們是如何處理的呢？

5 手足之情

默想：和大妹一起去看阿莫多瓦的新作〈玩美女人〉（Volver），因為是和妹妹一起去看的，而電影裡有好幾對「姊妹」，她們彼此間深刻的情感與互相照顧，讓我看了更是感動。特別是在年長之後，回過頭去看成長過程中各自所遭遇的事，知道對方真的過了一段不容易的日子，因此互相在生命裡放下了一分理解與諒解。

有句話說，「養兒方知父母恩」，一點不錯，自己做了父母，對許多過往發生的事、成長過程中的親子衝突、心結，會有很不一樣的體會和想法。進入中年，另有一點會改變，就是跟手足之間的關係。

年輕時不覺得兄弟姊妹有什麼特殊的連結，也對這種手足之情沒有太多依賴。年紀愈來愈大，人生經歷了許多事之後，發現姊妹親情眞的非常可貴，因爲我們年齡相仿、有類似的成長經驗、因此相知頗深，更重要的是，你知道彼此間是無私的關懷，所以感情比年輕時更好。

我的三個妹妹都是全職家庭主婦，她們花很多時間照顧家庭，比起我來，是更爲認眞、稱職的家庭照顧者。事實上，在我工作非常忙碌的某些時段，妹妹們幫了我很多忙，特別是在照顧我女兒的部分，大妹盡了很多心力，因此女兒和阿姨的感情很親密；作爲獨生女的女兒，也把阿姨的女兒當作妹妹一般，這也等於是擴大了她的「手足圈」。

看電影時，我突然想到，上一次我和大妹兩個人一起看電影是在我高中聯考考完時，那已是三十年前的事了。當時還跑去中華商場吃冰，我到現在都記得兩人當時的快樂。

後來我們有了各自的朋友圈和家庭，幾乎很難只是兩人一起看電影，我很懷念單單只有兩姊妹一起做些什麼的時光，特別是在後來的人生裡，我們各自經歷了不少事情，中年之後的心情，似乎只有一路一起長大的妹妹能夠理解。

大妹是個非常孝順父母的人，爲了與母親相處的方式，我們也曾有過無數激烈的爭吵。但我現在回想起來，非常感謝上帝，因爲我有這樣一個對父母事事關心、體貼、把母親捧在手掌心上的妹妹，才容許得我能夠在某些地方輕忽大意並且任性。我想，我們是非常能夠互補的一對姊妹；我從妹妹身上學習了很多。

因爲共同成長的經歷和彼此間眞誠的愛，姊妹間除了許多事情可以互相幫忙之外，更是非常合適的談心對象，「你們既因順從眞理，潔淨了自己的心，以致愛弟兄沒有虛假，就當從心裡彼此切實相愛。」（〈彼得前書〉1章22節）這些年因爲信仰，我們有更多一起互相交通、彼此勉勵的機會，在屬靈的追求上一同成長，這是更爲美好的事，「勸老年婦女如同母親；勸少年婦女如同姊妹；總要清清潔潔的。」（〈提摩太前書〉5章2節）

〈玩美女人〉一如阿莫多瓦其他的電影，有些荒誕與怪異的劇情，不過，也許是我年紀到了，我對裡面的姊妹情，感觸最深。盼望我能懂得更珍惜手足，常常聯絡、更多關心，因爲這是上帝美好的賜予。

看哪，弟兄和睦同居是何等地善，何等地美！

——〈詩篇〉133篇1節

分享與討論：

一、俗話說「少年夫妻老來伴」，說的是一對夫妻共同經歷了人生的高低起伏，到了老年彼此更能互相扶持。兄弟姐妹其實也是一種「老來伴」，因為有類以的成長過程，很多事、很多話，更容易心領神會；即使沒有生活在一起，在特別的日子裡，「一夜鄉心五處同」的感受，也讓人很得安慰。多多關懷一下你的兄弟姐妹吧，不要總是要等到家族裡出了什麼大事，大家才能相聚；平日裡，就該常常聯絡感情，這是豐富自己的生命資產、也是孝順父母、讓父母安心的一個方式。

二、你有兄弟姐妹嗎？你們最近一次一起聚會是什麼時候，聚會內容又是什麼呢？

6 兒女不是你的財產

默想：有個姊妹近日分享他與孩子間的互動，引起我諸多省思。這位姊妹向來自詡有很好的親子關係，也常說自己與孩子無話不談；但隨著孩子進入青春期，「家庭與父母」已不再是孩子們生活的重心，他們整天忙學校活動；這姊妹有了「空巢」的苦悶。

她常常埋怨和孩子相處時間太少；偏偏，孩子長大後，就是有一大堆生活習慣她是愈看愈不順眼。在短得不能再短的相處時間裡，她總是碎碎念這念那，結果讓孩子躲得更遠；孩子愈逃，她一見面就愈是有念不完的事；成了一種惡性循環。

孩子有天發了一則簡訊給她：「若相處時間是愉快的，短又何妨？問題不在於我們很少有時間相處，而是你永遠有罵不完的事」；朋友則委屈滿腹：「就是因爲見面時間太少，所以我得把握機會把該說的話都講完啊……」

對孩子來說，和母親在一起的時間宛如夢魘，對媽媽來說，孩子已不像小時那麼貼心。

在教育兒女上，我常會想起《聖經》所提：兒女是上帝所賜的產業，神託給我們做父母的來照管這些產業，作爲一個忠實的管家，在遇到迷惑與相處的挫折（說眞的，有青春期孩子的父母難免會有挫折感，有時眞不知要怎麼樣跟孩子相處才好）時，我問上帝：「主啊！你要這個孩子長成什麼樣子呢？」

教養兒女，還是回到神的心意與計畫裡吧，因爲你我只是管家；我需要常常爲兒女回到神的面前；「主啊！這是你的孩子，你要如何成全他？」在對待孩子的態度上，不惹兒女的氣，意思是不過度使用權柄、不用人的力量來壓迫孩子。

當我們不把孩子當成是自己的財產時，就比較不會有過度的威權心態與得失心，我們知道自己主要的工作是幫助孩子建立與神之間的關係，「我今將祂的律例、誡命曉喻你，你要遵守，使你和你的子孫可以得福，並使你的日子在耶和華你神所賜的地上，得以長久。」（〈申命記〉4章40節）給孩子一個好的屬靈影響與示範，並且在這樣的基礎上，讓孩子逐漸發展出合宜的品格，建構討神喜悅的人生道路。

兒女各有神賜給他們不同的性格、思想、愛好、意志和靈魂。尊重他們也就是尊重上帝。

《聖經》說到「以諾生瑪土撒拉之後，與神同行三百年，並且生兒養女。」（〈創世記〉5章22節）當以諾開始作父親後，他把整個家庭奉獻在神的手中、完全倚靠神，處與神同行。

爲人父母之後，信仰已從一件「個人」的事成爲一件「家族」的事，因爲我們對信仰與神的態度，會深深影響孩子——有敬虔的父母、有懂得把親子關係擺在神面前的父母，總有一天，孩子和我們會通過靈裡的溝通與和諧，在彼此造就中，擁有健康、活潑、親密的關係。

所以，我和這位姊妹的結論是：停止憤怒與自憐，不要惹兒女的氣；有時間念小孩，不如與他們一同念《聖經》。

你們作父親的，不要惹兒女的氣，恐怕他們失了志氣。

——〈歌羅西書〉3章21節

分享與討論：

一、從前人孩子生得多，可以「野放」，現代家庭很多只有一個、兩個小孩，就仔細「精耕」起來，結果常常因為用心過度、用力過猛，造成親子之間「兩敗俱傷」。父母學是人間最難的學問之一，偏偏學校沒教，我們也常常是「做了老爸老媽之後才開始學做老爸老媽」，做中學、錯中學的經歷備嘗辛苦；然而，很重要的一個認知是，就算為人父母，我們也不是完人，總有做

得不夠好、做得不對的地方；要緊的是讓孩子知道你真的愛他，以及，你也是在學習成長中；親子關係是彼此共同的「人間學堂」。

二、你有兒女嗎，請回想，最近一段時間來，你們親子間最常說的話題是什麼？

7 教育子女也要自我儆醒

默想：女兒跟我說：「為什麼你常常要嘗試要說服我，不像我，我只是表達意見，不會要你一定要同意我。」我一聽，這個誤會大了，連忙說明：「我不是在『說服你』，我是在『教導你』。」幫幫忙，媽媽可不是每次要在言詞上勝過兒女，才能叫他們服膺某些原則，「教導兒女、給予正確的價值觀是責任，不是參加辯論比賽」。

我和女兒幾乎向來無話不談，過去一直以「做女兒的好朋友」自許，但是，這一、兩年，我從《聖經》上得到不一樣的觀念：父母不能只是做兒女的朋友，他還必須讓兒女服氣與服從。一個家庭裡並非只有水平關係，垂直的關係是有必要的，父母有父母的威信（authority），上帝賦予父母教養的責任，「教養孩童，使他走當行的道，就是到老他也不偏離。」（〈箴言〉22章6節）這不能全數「繳械」，所謂的「君君、臣臣、父父、子子」，是有道理的。

我看到許多小孩不尊敬父母，對長輩的態度輕率輕蔑，在一些公共場合裡，幼稚園年齡兒女對父母頤指氣使，父母被罵被嫌，竟不教訓兒女而默默承受，我看了心裡很難受，這些連自己的父母都不尊重的孩子，將來能夠尊重別人嗎？而這些在兒女明顯犯錯時都不指責的父母，能指望在這種放縱放任環境下長大的孩子，可以有合宜的生活嗎？

父母說的話，兒女根本不放在心上，有一部分的原因就是父母從未樹立自己在兒女面前的威嚴，兒女自然而然就是不會對你產生敬重的感覺。許多親子書都強調要成為兒女的朋友，好讓兒女能敞開心，要不然你會連兒女在想什麼都不知道。我無意駁斥這種親子觀念，但我想，凡事不可矯枉過正，我們畢竟是兒女的長輩，要讓他們有這樣的認識：必須敬重父母。

過去父母的威權教育固然不對，完全放棄自己的權柄也不盡然是對的，特別是孩子還小時，我們本來就有教導他思想、行為、生活規範的責任與義務，適當的管訓是必要的。我不認為所謂的「愛的教育」就是讓孩子為所欲為，孩子還小，很多價值觀和待人接物的準則，還有待父母協助建立，怎能讓孩子自己決定什麼是對的，什麼又是錯的？「愚蒙迷住孩童的心，用管教的杖可以遠遠趕除。」（〈箴言〉22章15節）上帝愛我們，祂不也常常藉著各種方式來管教我們嗎？「因為主所愛的，他必管教，又鞭打凡所收納的兒子。」（〈希伯來書〉12章6節）兒女既是神所賜的產業，我們就對他們有一分責任感，要讓他們有機會過豐富敬虔的生活；有看過人放任著不管理自己的產業嗎？

女兒有時會說你不是如何、如何，爲什麼我就非要如何如何不可？我想，有兒女的人有個很重要的福氣，就是因爲要管教兒女，所以也不得不儆醒於自己的行爲。當然，我們都不完全，即使爲人父母也還是有許多缺點，我想重要的是要讓兒女看見我們也在遵行神的話語下，學習做一個更好的人，這個過程是可以和兒女一同努力、彼此共勉的。

「你們作父親的，不要惹兒女的氣，只要照著主的教訓和警戒養育他們。」（〈以弗所書〉6章4節）我想到的就是，不讓女兒覺得我是個光說不練、只會要求她、自己卻絲毫不想改變的人。

> 兒女是耶和華所賜的產業，所懷的胎，是祂所給的賞賜。
>
> ——〈詩篇〉127篇3節

分享與討論：

一、《優秀是教出來的》是近年來台灣最暢的教育書，很多家長都被作者隆．克拉克的教學熱情和智慧所感動，也「有為者亦若是」，想教出優秀兒女；克拉克老師在書中提出了一個重要的觀念，同樣值得多多思考，他說，家庭中不能有誰專門扮白臉、誰專門扮黑臉的分工，因為兒女很聰明，會對白臉耍賴、對黑臉疏離，父母都要同時有黑臉白臉的角色功能；為人父母者應該要讓兒女既尊敬又願意親密，你說的話，他們恭敬聆聽，可是也可以對你敞開，這是現代父母的挑戰。只做兒女同輩朋友，並不是正確的父母學。

二、請分享你和兒女是否有「鬆中帶緊、緊中帶鬆」的關係，如果你還沒有小孩，就分享你跟父母的關係。

8 子女的教育問題

默想：聊天時提到孩子的教育問題，其中有位姊妹說，她因為工作很忙，所以希望孩子能念家附近的學校，離她家最近的學校是「師大附中」，孩子走路十分鐘就到了；不過，看看兒子的功課，實在不像是能念師大附中的樣子，沒關係，就放在禱告裡吧。

結果，孩子不但沒有考上師大附中，甚至考到一個非常遠的學校，坐公車，一個小時都到不了。這上帝是怎麼回事？她簡直失望透了。

因爲學校太遠，這位姊妹決定自己開車送小孩，結果驚奇地發現，坐公車很遠的學校，開車經由快速道路，十五分鐘就可以到達。因爲送他上學，每天在車上都可以跟兒子聊聊，本來青春期的男孩不大會主動跟老媽說什麼，這下子兩人每天都有機會可以說話了；再者，因爲送小孩上學，這位姊妹每天提早到公司，「同事都還沒來，我就一大早靈修」，反而因此養成了固定靈修的習慣。「親子關係大大改善，又有了靈修時間」，這些都是之前沒有想到的收穫。

我也想到了自己的經驗。我因爲對木柵這裡的國中沒有信心，在女兒小三時就遷戶籍到「中正國中」的學區，沒想到到因爲「中正國中」太熱門，戶籍需有四年多時間，我們還差了三個月。三個月的時間差實在不多，但是進不去就是進不去，這個結果讓我很沮喪。於是就去抽某個私立國中，這個私中素以勤管嚴教著稱，升學率自然很高，學費也很高，各種費用加起來，一學期七、八萬台幣跑不掉。

我並沒有能力讓小孩讀這麼貴的學校，心想可以找孩子的父親商量。沒想到他一口拒絕：「國中沒有必要讀這麼貴的學校。」他的話也有道理，不過，我們這裡的國中實在不牢靠，當時心裡想，爲了孩子的前途，我只有拚了。既然孩子的父親不願「共襄盛舉」，我就自己想辦法吧。

結果我們竟然沒有抽中！女兒小學最要好的同班同學抽中了，同學來我們家一直安慰我女兒，那場景，我到現都還記得。反正我們覺得自己很倒霉就是了。

遷戶口，差三個月，想讀私中又沒抽中……。我跟女兒說，沒辦法，妳就認命去讀木柵的國中吧。這個學校離我們家走路兩分鐘。此後，女兒天天睡到早上七點半，七點四十五分安步當車出門還不會遲到；放學回家吃晚飯，有時間就去跑步游泳。女兒過了三年快樂似神仙的日子；我也很輕鬆，因爲國中是義務教育，學費便宜得很。

我們都慶幸，一沒有越區就讀，二沒上私中。女兒若眞的抽中私中，我的經濟壓力就大了。我自己當年是越區就讀的小孩，上學、放學都要換兩班公車，每天都睡不飽，也吃不好，當初我怎麼會遷戶口想讓女兒越區就讀呢，眞是愈想愈豬頭。還好上帝出手阻擋了我，不然女兒不就複製了我那辛苦萬分的青春期？（不只，我也同樣會很辛苦，因爲我會天天接送。）

什麼才是對我們好的？其實我們往往並不知道、甚至會在某些自認有利的事情上「執迷不悟」：「他們隨從自己的心意，卻一無所見。」（〈以西結書〉13章3節）許多事讓我愈來愈體會到，敬畏耶和華乃是智慧的開端，把人生交在神的手上，「自己一生一世必得安穩——有豐盛的救恩，並智慧和知識；你以敬畏耶和華爲至寶。」（〈以賽亞書〉33章6節）神比我們更了解我們自己的能力和需要。

我們是否看得見在每件事情上，神所賜予的祝福？「人在何事上得以知道我和你的百姓在你眼前蒙恩呢？豈不是因你與我們同去、使我和你的百姓與地上的萬民有分別嗎？」（〈出埃及記〉33章16節）我們最大的祝福就是有主的同在。

人心多有計謀；惟有耶和華的籌算才能立定。

——〈箴言〉19章21節

分享與討論：

一、我們的人生常常有很多計畫，但有時「天不時、地不利、人不和」，事情就是不成；當我們失敗時，心裡一定很不好受，這時人家會勸我們「失敗為成功之母」啊，再接再厲就是了；也有人會說「退一步海闊天空」，就此收手吧。有人成功是因為堅持，有人快樂是因為識時務，對於做不成的事，我們到底應該繼續努力還是不再執著，並沒有一個標準答案；與其躊躇不定，不如把事情交託給上帝吧，切切禱告，因為祂有能力綜觀全局，會帶領我們做出最合適的決定。

二、請分享你是否有過這樣的經驗，你「處心積慮」想做某件事，結果事與願違，但是經過一段時間之後，才發現原來這個結果對你才是最好？

9 委婉處理怒氣

默想：快到中午時，女兒氣極敗壞地打了電話來：「便當酸了，你怎麼給我帶酸便當？」我那時正好在忙，沒頭沒腦挨上一頓，正待發作，心想，我怎麼會故意給小孩帶酸便當呢，肯定是沒注意到嘛，這小孩，說的什麼氣人的話！這年頭有準備便當已經夠好了，還嫌？偶爾有點疏失，發這火幹嘛？我可也忙得很欸。

我也在情緒的火線上了！不過，我馬上想到，女兒上了半天課，一定飢腸轆轆，興沖沖打開便當，卻發現飯酸了，心情肯定不好，又餓又氣，所以就打了這麼一通有著「興師問罪」口吻的電話來啦。

想到這裡，我也發不了脾氣了，帶著同情的口氣，我說：「好可惜噢，今天便當菜很棒的咧！」

「是呀，」她回應。

「妳好可憐喔，今天中午沒便當吃了，只好去福利社買東西吃囉，有錢嗎？」

「有！」生氣的味道減弱囉……。

電話結束前，女兒提醒：「馬麻，妳中午也要吃啊」……我想，待晚上孩子放學時，再跟她論理、談她今天的態度吧。當下，我希望先給她一點安慰，讓她知道酸便當雖非故意，但媽媽的確很抱歉。

生活裡實在有很多可以讓人生氣的事，有時是自己主動發怒，有時是被動回應，不論是哪種情形，我的經驗是，大部分的時候，其實「發脾氣」甚少能夠眞正解決問題，因爲人的脾氣在互相激刺之下，會愈發愈大，偏離理性愈遠──本來只想發發牢騷、引起對方注意的事，結果卻在一陣舌劍唇槍之下，變得眞的是在大發脾氣了。在日日相處的家人來說，這種情形更是常常發生，因爲我們會在同事、朋友面前收歛自己、鍛鍊EQ，對家人，卻往往非常「率性」。

其實，我們應該對家人更好一點、更有耐心一點，特別是還在學習中的孩子；他們正在逐步建構自己與世界相處的方式價値，因此我們在孩子面前的情緒就要特別注意，要特別顧念他們，因爲他們會把所看到、所聽到的，照單全收；他們會模仿、會複製。從孩子的身上，其實我們最容易看見自己的眞實模樣，我說的，不只是身形，更是人的氣質與氣韻。

「求我主在僕人前頭走，我要量著在我面前群畜和孩子的力量慢慢地前行，直走到西珥我主那裡。」（〈創世記〉33章14節）這分對孩子及弱小者能力的「估量」，我覺得是很動人的，這源自一分眞實的愛與體貼。

除了考量到孩子的學習力外，與小孩互動時需要比跟成人「交手」時更注意情緒，也就是說在孩子面發脾氣要慢一點，要等一等，因爲他們還沒有足夠的精神與意志力量與成人相抗詰。成人在他們前的怒火會因爲「對手的不相稱」而變本加厲；成人在孩子面前的怒火一發不可拾，常常就是因爲對手沒有阻止你繼續下去的能力；你很容易會搞到失控的地步。

「回答柔和，使怒消退；言語暴戾，觸動怒氣。」（〈箴言〉15章1節）當然，今天我也體會到一點：理直氣和，永遠是個値得學習的態度。對孩子，尤其如此。

當怒氣升起，快些回到神的話語裡。

> 但你們各人要快快地聽，慢慢地說，慢慢地動怒。
>
> ——〈雅各書〉1章19節

分享與討論：

一、人不是不能有情緒，有時甚至憤怒也是很重要的互動方式，因為「超出平常尺度」的情緒和表達方式，會是一個很好的提醒，提醒有些事情不對，提醒對方要注意你的感受，這是人際關係裡很重要的一個「防腐劑」；不過，比較困難的是，「理性之怒」有時會在雙方的言語表情動作刺激下，變質為情緒的宣洩，發怒的目的不在於解決問題，而只是互相噴火，情況愈演愈烈，結果本來的問題一點也沒有解決，還衍生出新的撕扯——這是你要的嗎？在拉高聲調、迸出罵人字眼前，停三秒鐘想想！

二、當你發現自己「就快要發火」時，你會怎麼做？

10 不一樣的人生風景

默想：有位弟兄聊到，他因為從小家境不好，因此小時候的志願就是要「賺大錢」，要飛黃騰達。四十歲之前，他的事業的確做得很不錯，但因為做的是業務工作，生活很不正常，常常一攤接著一攤，酒肉朋友很多，不但讓身體健康受到了影響，家庭也因此破碎，他跟孩子的關係，更是非常疏離。

再婚後，他跟著信仰基督教的妻子進入教會，受洗後生活完全被調整，不再參加各式各樣的「康樂活動」。但他心裡其實有很大的掙扎，因爲過去他一直都習慣在那些酒啊歌啊的場合裡談生意，朋友也都是這個圈子裡的、很愛這個調調；信主之後，雖然心裡很願意不再涉足這樣的場合，但卻很擔心，失去了這些資源，生意要從哪裡來？

他禱告再禱告，求神眷顧不再過夜店生活的他，可以繼續過往的業績，畢竟他自認很順服神啊。但過去的幾年裡，他的工作其實平平，沒有太大的發展；維持「平盤」的業績讓他益爲擔心，自己這樣做眞的是對的嗎？

要一個人改變自己的作業習性，眞的不是一件容易的事情，特別是在自認很順服、但卻並沒有得到自己想要的東西時，就會開始不滿、甚至於懷疑；只是這位弟兄還是繼續順服下去了……畢竟，上帝也沒虧待他，他的一家子生活仍可算是無虞，只是沒有繼續「飛黃騰達」。

多年後，他回頭去看這段經歷，突然間領悟到上帝在這段時間要給他的，並不是自己所一心期望的財貨增長，而是靈命成長；上帝要跟他談的是有關生命的事。

因爲生活作息的改變，再加上沒有那麼多生意要做，他增加了很多跟家人相處的時間。再婚的婚姻本來就需要花比較多的心力經營，更何況，過去很長一段時間裡，因爲天天應酬生意，根本沒有時間跟小孩相處，小孩對他沒有太多好感，爸爸的生活模式看在孩子眼裡，可取之處也很少。

「新生活運動」開始後，這位弟兄開始花大量時間陪伴小孩，小孩從過去懶得跟爸爸打交道，到親子間可以一起做很多事。孩子接納了父親，才讓他知道自己過去錯過的是什麼；如今他得到的是什麼都比不上的收穫。

再婚妻子和他的關係也愈來愈好，兩人花很多時間在教會做各式各樣的服事，這都是過去那個沉迷在夜生活、被業績帶著跑的自己，所不能想像的。亡羊補牢，爲時未晚矣；他很欣慰自己在人生下半場有著不一樣的風景和重點。

他體悟到，上帝的帶領有時眞的和人自己的規畫與想像不一定相同，因爲人對自己在某個人生階段需要什麼，並不一定清楚，常常只是盲從世間的價值；他說，只要順服，必能享受神所賜的福分──量身打造的福分、just in time（恰在其時）的福分。

「從祂豐滿的恩典裡，我們都領受了，而且恩上加恩。」（〈約翰福音〉1章16節）

願頌讚歸與我們主耶穌基督的父神，祂在基督裡曾賜給我們天上各樣屬靈的福氣。

──〈以弗所書〉1章3節

分享與討論：

一、順服才能蒙福，這是很多基督徒朗朗上口的話，不過，很多人的順服，好像買東西有的「試用期」一般，想看看順服之後，上帝有沒有照他的意思給他所求所想的，如果有，他就感謝讚美神，說上帝啊你何等美善；如果順服了半天，卻心想事不成呢？對不起，那「順服賞味期」也就過了，有人是失望有人是生氣，理直氣壯回到原來的光景裡去。其實，順服本身就是獎賞，因為在順服中，我們學習全心全人交託，學習與上帝同工，學習，用上帝的眼光觀看人生，用上帝的方法實踐生命價值。

二、請分享現階段，你的人生最重要、最需要上帝祝福的是什麼？

第2章

喜樂人生

11

喜樂來自信任

默想：有位朋友我們都稱她是「冷水達人」，就我記憶所及，從來沒有聽過她正面評斷一個人、一件事：有朋友找工作，她的第一個反應一定是「這工作不好，肯定很辛苦」；有朋友認識了男朋友，她也會說：「這個男人不好」……。久而久之，沒有人會再問她對什麼事什麼人有何看法，因為大家都想好好過日子，不想被她的冷水一路潑灑下去。

我實在忍不住好奇，爲什麼她的冷言語可以像多啦A夢懷中的百寶袋，應有盡有、用之不竭？我問她，難道妳眞的沒有辦法在任何一個人、任何一件事情上，看出一點點好的部分嗎？她低頭不語；我想，她自己也很困惑吧。

社會一直在推動「說好話」的運動，我也一直覺得「說好話」是可以練習的，但這位冷水達人卻讓我開始思考，事情或許並不如表面的簡單。

冷水達人從小失去父親，母親重病，她家食指浩繁，身爲長女，她只有一肩扛起；一生所經歷的，除了苦，就是不確定。儘管如今衣食無缺，但走過人生荒漠，她的體會很簡單：「沒有好事會臨到我」，所以冷眼睨看世事蒼涼，是她一種自我保護的方式，她說自己早就練習過不要把事情想得太好，不然會有可怕的失落與失望……。

憂傷與悲觀，已經深入骨髓，不是三言兩語可以扭轉的，至少不是靠著人的激勵、導正或者責備，就可以改變的——我想，這個喜歡、習慣負面語言的人，問題不是出在口才不好，甚至不是出在「心地不夠善良」，而是因爲她沒有喜樂、沒有平安，對生命沒有眞正的安全感；冷水達人用冷言冷語回敬命運，但人生依然沒有出路。

我們永遠不知道另一個人在他的人生裡究竟遭遇過什麼，以至於要他放心地愛上他的人生、愛上周遭的人事物，是一件極度困難的事。因此不要輕易論斷人的行爲表現，他或曾經歷我們所不知不解不能想像的苦境。我們戲稱她冷水達人，她不以爲意，還說這一輩子是改不了了。

喜樂不是未經世事者一種廉價的自我安慰，或者阿Q地以爲人生萬事如意；喜樂是哭過長夜方可語人生的通達，這樣的豁然開朗乃是源自對上帝的愛的全然信任，清楚明天在誰手上、知道上帝一切都有答案——我們知道自己有著翼下之風（wind beneath my wings），因此可以放膽展翅高飛……。

耶穌說：「我將我的平安賜給你們……你們心裡不要憂愁，也不要膽怯。」（〈約翰福音〉14章27節）人生進入寬闊不狹窄之地的關鍵不只是馴服我們的口而已，更是把一切交託給上帝，有這樣的信賴關係，我們才學得會不要再用自己的力量和人生搏鬥。

但願冷水達人知道上帝的喜樂，正等待著她放下那個與命運苦纏不休的自我。

喜樂的心，乃是良藥；憂傷的靈，使骨枯乾。

——〈箴言〉17章22節

分享與討論：

一、人生有高峰低谷，境遇不順時，難免會說些負面的話，這本是無可厚非，不過，如果有人永遠都在說不好聽的話，總是看壞事情，那可能就不只是言語和表達方式的問題了，他可能有很深沉的人生課題有待面對和解決。如果你自忖沒有辦法應付這種狀況，就先離開一陣子吧，畢竟近墨則黑，這種話聽多了，自己也難免會受到影響；如果你願意幫助他，也請不要槓上他。一時的低潮可以用言語激勵，長期的負面思維背後是失落的人生，這樣的人需要的是愛，而不是說理辯論。

二、請分享你是否認識專門說喪氣話、負面言語的人，他的話對你還繼續有影響嗎？

12 單純的快樂

默想：有位年近九十歲的老姊妹，先生過世後就一人獨居，先生留給她一小間房子，雖不寬敞，老人家一個人住倒也舒適。同一教會裡有一個四十多歲未婚的姊妹，多年來生活渙散，工作也不穩定，老姊妹就邀她同住一處。

這位四十多歲的姊妹跟著老姊妹一起，情同母女，但她的生活實在很不安定，老姊妹為了照顧她，搬了幾次家，又為一些實際的需要，後來連先生留給她的房子也賣了。最近和這位四十多歲的姊妹又搬到某處租屋，還熱情地招待教會裡的弟兄姊妹，「到我新家來看看吧，很不錯的」，言談中充滿喜樂。

教會裡的弟兄姊妹一方面為老人家感到不忍，她本來可以「頤養天年」的，若不是遇到這樣一位生活一團糟的姊妹，老人家何庸到處遷徙？但是，另一方又羨慕老姊妹這種單純而喜樂的心和生活態度；她似乎從來沒有為年老的自己、明天的生活擔憂過，而是一直活在一種滿足裡，甚至於連搬到一ㄐ小屋，都還非常得意地邀請教會弟兄姊妹去「參觀」。換作一般老人，可能哀嘆倒霉不已了。

這麼單純的快樂究竟是從何而來的呢？這的確是基督徒生活的祕訣，「單純的仰望」、「單純的信心」，回轉像小孩，這是神兒女的特權：無時無刻不與神在一起，無論人生景況如何，就是要跟神在一起，其他的，統統是次要的、不要緊的問題。

記得女兒小時候，每次我要出門工作前，她總會纏著不放人，我開玩笑說：「媽媽如果不去上班，我們就要喝『西北風』了。」女兒非常堅定地說：「西北風是什麼？我跟你一起喝！」雖是童言童言，聽來也並非全無道理，在小孩的心中，或許，能跟父母在一起，是比什麼都重要的事，即使要喝那搞不清楚是什麼東西的「西北風」也願意。

我看這位老姊妹就是這樣的童心，只要有上帝同在，生活裡的流徙，似乎也就不以爲意，跟著四十多歲的姊妹搬來搬去，也無損於她內在對神的信心與仰賴。更特別的是，她不但認爲自己對那位與她一同生活的姊妹是負有責任的，要好好照顧她、幫助她能夠進入一個安定的狀態裡；老人家更感謝上帝爲她找到了一個互相照顧的伴，像女兒一樣在身邊陪她。

外在生活的不確定，並不會讓一個內心有穩定力量的人，流離失所，因爲他的眼目只對準天上的事物，像小孩在玩玩具時，那麼滿足地享受其中、那麼地專心。老姊妹就讓我覺得像個小孩，對父母親有著絕對的信心，因此她只是單純地活在眼前這一刻、上帝爲她預備的生活裡，並不往後比較、也不往前多慮；這不是一件容易的事，卻也是人生最幸福的事。

當這位老姊妹滿懷開心邀請大家參觀她租來的新家時，你絲毫感受不到她有任何委屈，而是眞眞實實的、扎扎實實的喜悅。眞的像孩子，拿到了天父給她的一樣好東西！

我實在告訴你們，你們若不回轉，變成小孩子的樣式，斷不得進天國。

——〈馬太福音〉18章3節

分享與討論：

一、隨著人生經歷的複雜多變，我們被迫或者選擇性地漸漸拋卻了一顆單純之心，因為怕太過單純等於是笨蛋，會讓自己吃虧受傷害。我們學習洞察人情、想要事事通達，卻活得杯弓蛇影、斤斤計較。或許你的心裡也一直有一個想望：什麼時候我們可以單純地活著、單純地感受到人生之美、享受那沒有心機沒有壓力的人際互動？就像我們都熟悉的那首兒歌所唱的「記得當時年紀小，我愛談天你愛笑」，多麼美好簡單的一個情境啊！

二、有赤子之心的人是有福的，請分享你認為自己還有幾分童心呢？

13 憐恤孤獨困苦

默想：認識一位九十六歲高齡的長輩，平日極為注重養生和運動的她說：「我從來不吃藥也不看病，給全民健保省了不少錢呢。」兒女全在國外、一個人在鄉間獨居的她，年已近百還開英文家教班維生：「自立自強，別給兒女添麻煩」。

老太太說得眉飛色舞，讓我想到另一位認識的老人家。老人跟兒子和媳婦同住，但每天足不出戶，也不跟媳婦說話，只巴望著兒子下班。一見到兒子全身病痛立現，這裡痛那裡苦，要兒子帶去看醫生。媳婦帶，不行，只要兒子，但兒子是公司高階主管，工作極忙，兒子三番兩次想讓妻子代勞，老媽氣極：「你就只會把我丟給『外人』。」

好朋友的公司倒閉了，一干人等頓時失業，員工後來自己籌資，弄了個迷你的公司繼續開張，因為公司規模變小，所以自救會只找了少數過去的同事回來。有位沒有被回聘的同事氣得發飆：「什麼東西嘛，太瞧不起人了吧，我就沒資格共襄盛舉嗎？」他甚至氣到說，連我也不找，這家新公司絕對做不起來。

另一位同樣也沒有被回聘的同事聽到了之後則說：「雖然他們沒找我，我在失業中也很難受，不過，能重新開始也好，起碼少幾個失業的人；祝福他們能撐久一點。」

一件事，好壞眞是看人怎麼想，結果往往影響我們生命的品質。九十六歲長者從來不覺得兒女不在身邊的自己非常可憐，總是感謝「我懂得教英文，還能靠自己混口飯吃哩」；朋友的婆婆兒女圍繞身邊，竟沒有一天覺得自己命好，總是氣憤兒子爲什麼不回來多陪陪他！

老同事重組公司，有人看到一線生機，有人覺得自己被排擠，因此衍生出完全不同的反應，從個人的感受出發，我想，都沒有錯吧，畢竟他們是很眞實的覺得「幸福」，或者「不幸」，旁人無由分說。例如，你沒有辦法跟那個婆婆說，你看看人家九十六歲的人要靠自己教英文過日子，你兒女圍繞，夠好了啦——不，這種話只能讓當事人自己去體會，別人說了只會讓他更有「心事誰人知」的苦。

所以，這些年，我不對別人說這種「比較式」的語言了。因我知道，一個人若是這樣想，那是因爲他接收到的愛眞的太少，他不願意走出情緒圍城，是因爲愛不夠，所以不能再用「否定他行爲」的方式跟他說話，而類似的勸慰更會讓身處此境的人聽來帶有道德的自負，反而變成人與人之間隔閡。所以這一、兩年來，我學著稍稍儆醒，不再動輒義正詞嚴。最近去醫院看一位自殺被搶救回來的朋友，我什麼也不說了，只在床邊爲他禱告；看見他父母時，我輕輕拍他們的肩，我的眼神只想傳達一個意思：「辛苦了。」

即使對那位成天抱怨的婆婆、對那位自覺被老同事看扁的人，我也只想說聲：「辛苦了」，後面再補一句：「你的苦，耶穌都瞭。」人生的苦，非僅只有身形勞頓，愛憎交織、無人能解的孤獨，更是生命裡最深最深的牢籠，這個時候，神的話語提醒說：「你不應當憐恤你的同伴，像我憐恤你嗎？」（〈馬太福音〉18章33節）誰都需要一個溫暖的同理，不需要太多教訓。

我們的周圍或有許多從人的眼中看來根本是「人在福中不知福」的笨蛋，然而，從上帝的眼中看來，他們也只是「迷失的羊」（〈馬太福音〉15章24節），需要有人在耶穌基督的愛裡，將他們尋回。

求你轉向我，憐恤我，因為我是孤獨困苦。

——〈詩篇〉25篇16節

分享與討論：

一、每個人生際遇都是特別的經驗，旁人很難完全感同身受，例如，別人覺得委屈痛苦的難處，你可能輕易就過關了，但你覺得是大挑戰的，對別人來說，卻可能只是一塊小蛋糕（a piece of cake），因此同理心是很困難的；但是，同樣不容易的卻是藉著別人「沒有同理心或者同理心不夠」的話語來反省自己，察看自己是不是過於耽溺於自己的經驗裡，走不出來；人生路上，我們不只需要安慰的話語，也需要提醒甚至於當頭棒喝，那些沒有順著我們的感受所說的話裡，常常也隱藏著祝福，因為這些話讓我們蛻變、成長。

二、請分享是否有人說過什麼當場讓你很不舒服、但事後想來卻讓你受益良多的話？

14 誠實面對錯誤

默想：電話響時，我有些許不安。果然是那位車主：「妳的車……我的車」。OK，我準備接招了。

結果他說的是：「我本來很生氣，看到妳留的字條，氣就消了，算了，開車難免Ａ到，妳下次小心一點吧！」早上停車不小心，碰撞到路旁的車子，我看著車身被我的車子所刮的痕跡，第一個念頭是「閃」，反正四下無人，就當這車倒霉好了。在台北開車，誰都可能碰到這種事；然而，閃的腳步還沒有跨出，心裡就知道不對了。

我留下我的電話，爲Ａ到他的車、讓車凹了一塊抱歉，如果需要賠償，請聯絡，之類的。我對車子的維修毫無概念、也沒有投保適當的保險，確實擔心會賠一堆錢，不過，既已決定誠實面對，餘下的一切就交給上帝了，相信結果會在我能夠承擔的範圍裡。

說句老實話，我留下電話就是準備要負責了；沒想到，誠實以對的結果，負的責任竟然最小。試想一下，如果我沒有留下電話，我必然心懷不安，不只一天；而那位車主在自嘆倒霉之餘，不單心情大受影響，或許也讓他日後開車時失去了負責任的想法，Ａ

到別人，轉身就跑；然後，被他A到的人也如此……這樣，這個城市還能開車嗎？誰還敢把車停在路邊呢？想到這樣一連串的惡性循環，源頭只是一個不肯說實話的我所造成的，心裡便深以爲不安。

誠實面對自己行爲所造成的後果，常常只是起初那一時的苦痛，不說實話，卻得永遠背負重擔，因爲你會擔心不知何時別人會揭穿自己的謊言，一個謊言也許能夠帶來一時的便利或者權力，但是活在被罪咎感追討的壓力下，卻是永恆的網羅；有幾個說謊的人能一生面不改色、平靜安穩地過日子呢？說謊的人自己知道。

上帝對誠實這件事情極爲重視，人所做的事，神也都必然審問（〈傳道書〉12章14節），十誡裡就有一誡「不可做假見證」；而說謊者所受到的刑罰也是非常嚴重的，亞拿尼亞和撒非喇的故事可爲明鑑（〈使徒行傳〉5章5節）。我們最好不要假設自己的謊言可以永不被拆穿，「掩蓋的事沒有不露出來的；隱藏的事，沒有不被人知道的。」（〈路加福音〉2章2節）任何事，躲得了一時、躲不了一世，想想發生在許多人身上的實際經歷，就知道誠實以對、勇於爲自己行爲的後果負責，折磨往往是最小的。

更何況，做錯事之後受到責罰或者責備，其實是好的，因爲這會讓我們學習到處事更謹慎、待人更周延，責罰的本身是預防更大錯誤的一個辦法。撒謊撒到骨髓裡去的人，讓眾人一時間覺察不出來、沒有適時給這個人必要的提醒或處置，結果這人謊愈撒愈大、誠實愈來愈稀薄，撒謊成了天性，當紙不包住火的謊言被爆發出來時，通常也是這個人人生崩盤的開始了。

不要試驗上帝；上帝在誠實這件事情上並沒有模糊的空間；心存僥倖，只是延長痛苦的火線而已。神的祝福豈會臨到說謊的人、說謊之邦？然上帝正在等待痛悔的心。

說謊言的嘴，為耶和華所憎惡；行事誠實的，為祂所喜悅。

——〈箴言〉12章22節

分享與討論：

一、說謊會成為習慣，因為說謊會成為一個「惡性循環」，當你開始說了一個謊言之後，接下來會被迫必須繼續說更多的謊言來圓謊；再者，因為說謊有時會帶給人一些便利和好處，或者讓人不必直接面對自己所做的事情的後果，久而久之，某種能力也會變弱或者消失——如果你不說謊，事前，你必須鍛練自己的意志勝過試探，事後，你必須好好思考做什麼以求善了，這些都是很寶貴的人生訓練，但是因為便宜行事說謊過關，這些能力也就慢慢沒有了；用進廢退，說謊的人逐漸「失能」，這或許是說謊慣犯沒有想到的損失。

二、請分享你是否有說謊後，忐忑不安很久的經驗，你後來是怎麼處理的呢？

15 重然諾

默想：好友要我幫他做某件事，我打從心底不想幫這個忙，但我沒講，可能是怕得罪人，也可能是估計自己還行，於是連口說好；但我終究沒做。幾個月過去了，今日，朋友一看，暴跳如雷，怎麼事情還在這裡？我這才說：「我覺得你應該自己做，當初就不應該麻煩我！」

你怎麼早不說？害我一直以爲事情交在你手上已經萬事OK了，沒想到你根本一點都不想幫忙，早知道……好了，接下來是一陣慘烈的數落，然後，朋友拿去自己處理了。

我一邊看他氣呼呼自己動手，一邊心裡也納悶，爲什麼一開始就覺得「這不關我的事，朋友拜託我，實在有點過分」的我，卻從來沒有開口把自己眞實的感受告訴他？或者，我根本不應該答應要幫他處理！

第一時間沒有說「不」，既然答應了，第二時間卻又沒有完成，這是連犯了兩個錯。第一個錯是自不量力，第二個錯是沒有責任感。

其實，這樣的錯誤我犯了不少。我們教會二十周年時，爲製作紀念特輯，教會請我幫忙採訪部分弟兄姊妹，談談他們的見證，當時我一口答應下來。但因工作調動，我變得較爲忙碌，答應的採訪和寫作根本沒做，後來這整件事是怎麼樣完成的，我也搞不清楚……。等到二十周年的紀念光碟出來，薄薄的一片，我拿在手上卻極爲沉重，我感覺到這光碟除了訴說教會二十年來的歷史、弟兄姊妹們的故事，也同時隱藏了一件也許只有我和少數同工才知道的事：某個人的食言。

朋友後來自己把事情處理好了，教會的紀念光碟終究也出來了……我大學參加過一個很棒的社團：慈幼會，裡面有個很棒的學長植病系的Cock（頭目），他雖然自取渾名爲Cock，卻是個非常謙遜的人，他說過一句我至今未忘的話：「這個世界沒有一個地方是沒有你就不行的。」這句話對當時年輕氣盛、又讀那樣的大學的我們來說，實在有點刺耳，不過，今天，這句話卻突然跳了出來。

許多年前，台灣有對很受歡迎的二重唱「芝麻與龍眼」，他們有首非常紅的歌〈動不動就說愛我〉傳唱至今：「動不動就說愛我……給一個做不到的承諾……」生活裡，「輕諾」的確是一件很容易發生的事。會做那些自己根本做不到或者甚至打從一開始就沒打算要實踐的承諾，一方面可能是覺得自己太重要，因此習慣把什麼事都攬在身上，好像這世上眞的無我不可；另一方面，卻也可能是太不覺得自己重要，因此不把自己說過的話當一回事；然而，人跟人的信任關係其實就是建立在這一又一次「承諾—實踐」的過程裡。

我就是沒有超人的能耐與準備，卻有一張超人的嘴，許願、承諾，給人盼望，到頭來卻是一場空，這是非常傷人的。「你若不許願倒無罪」（〈申命記〉23章22節），我能夠想像朋友的失望與氣憤，因爲我的沒有自知之明，的確耽誤了他；而我自己，也十分懊惱。

如果不想做、做不到，一開始，我就不要答應。這是一個很簡單的原則，卻並不容易完全做到。種種人情世故與自我驕傲，常常讓事情變得複雜了。但願神幫助我，更多、更多約束自己的承諾言語。

> 人若向耶和華許願或起誓，要約束自己，就不可食言，必要按口中所出的一切話行。
>
> ——〈民數記〉30章2節

分享與討論：

一、為了避免自己過度承諾，最好的辦法是「不要當場做決定」，不管人家提出什麼要求、邀約，你都說，我回去看一下我的schedule（行程表），我要先想想。回去看 schedule當然重要，但是更重要的是，你一定不要在那種「承諾的狂熱」中答應什麼；有時是一種現場的氣氛、朋友的吆喝，讓你失去理智，直覺這件事太好了、太有意義了，我怎麼能錯過，所以想也不想就說好，事後發現自己可能沒有辦法完成，又因為覺得都答應了，就撐一撐吧。愈撐卻愈撐不下，等到你崩盤，人家的事也被耽誤了，只會更加怨你。所以不管碰到什麼，再怎麼動心，都不要現場答應；回去多想一下。

二、請分享你是否曾答應了別人要做什麼，結果卻沒有做到，你的感覺如何，有沒有從這樣的經驗裡學到了什麼？

16 給彼此一個重新開始的機會

默想：不久前，突然接到一個朋友的簡訊，告訴我他匯若干錢進我的帳戶，又說：「我希望以後能夠湊合著還你，看看，可以還多少就還多少。」這些話，他不好意思當面說，還是用簡訊通知我。難得這位多年未見的朋友還記得我的電話和帳號，更難得的是，原來這些年他一直把當年的那筆債務放在心上。

家人知道了，就問我這人會持續還錢嗎？每個月要還多少……。我說，欠債的人自己知道他的還款能力，我不知道；我刷存摺時有就有，沒就算了。

這些年，沒有這位朋友還錢，我也活得還可以；如果他眞有心有本事可以逐月攤還當年所欠的錢，我感謝他，也爲他高興。他應該是經濟有點餘裕了，才有能力這麼做，想必，他的人生終於破繭而出了；這是何等好的事情。胡適曾說過，一旦他決定借錢給人，心裡就打定主意，不會跟這個人追討債務，就當作是贈送給這個人。我自己對金錢的觀念也向來如此，如果沒有能力「送」，就不要「借」，討債傷感情也傷身體。

多年前參加一個會，會頭是村裡的老鄰居，但其實眞正的會頭是她媳婦，這位老鄰居因爲跟村裡人較熟，就出面代邀。沒想到後來媳婦跟兒子離婚跑了，留下爛攤子。老鄰居年紀和我媽差不多，當她訂下每個月還每個會腳多少錢的計畫時，我和道這位老太太將會有很長一段時間被這個未完成式糾纏住，當下，我說，我的部分就免了吧。

人生的意外太多了，我們也不過是在人生意外與意外的間隙裡相遇或者相欠的人，而人人都有不足與外人說的辛酸；更何況這位老鄰居從小看著我長大，人生有比區區財務更重要的事。老鄰居有責任愛面子，嘴上直說不可以，但我想，這個會對我而言就算到此爲止了，若是日後老鄰居攤還會款，就當作是賺到了。

欠債的人日子難過，被欠的人，心裡一直記掛著，一樣不平安；金錢、情感，都一樣，債權人、債務人，同樣背負重擔。也因此，我一直認爲，耶和華的律令，其實豁免的是兩個人：「豁免的定例乃是這樣：凡債主要把所借給鄰舍的豁免了；不可向鄰舍和弟兄追討，因爲耶和華的豁免年已經宣告了。」（〈申命記〉15章2節）豁免的意義在於給彼此一個重新開始的機會：債務人有機會可以喘口氣，雙方也有機會用新的眼光來看待彼此的關係。因此我想，所謂的豁免，不僅只於有形的財貨，也指抽象的彼此評價，如果沒有辦法做到打從心裡豁免，即便是硬生生地遵守債務豁免的律令，雙方心裡仍有芥蒂，是不會有眞正的平安與和睦的。

更何況，上帝的另一項寶貴訓誨是：「你的弟兄在你那裏若漸漸貧窮，手中缺乏，你就要幫補他，使他與你同住，像外人和寄居的一樣。」（〈利未記〉25章35節）重點不只於豁免，也在於聖徒相通、彼此幫補，因我們的一切都來自上帝，我們只是資產的管理人，資產的運用和分配權力在上帝手上。

你要謹慎，不可心裏起惡念，說：「第七年的豁免年快到了」，你便惡眼看你窮乏的弟兄，甚麼都不給他，以致他因你求告耶和華，罪便歸於你了。

——〈申命記〉15章9節

分享與討論：

一、一般在教會裡，有三個「不談」，不談政治，不談直銷，不談金錢。不談政治，很容易理解，以目前台灣的狀況，只要一打開政治話題就沒完沒了；不談直銷也對，因為教會裡的弟兄姐妹彼此信賴，很容易發展成直銷的上下線，牽扯太多，會讓關係變質，金錢往來也最好節制。教會雖不鼓勵會友有債權、債務的關係，卻不表示教會對金錢沒有感覺，特別是對那些有需要的人，會友應量力協助；為免人際關係的尷尬及在教會社群中留下後遺症，彼此間的幫補或可考慮匿名為之，好叫施者與受者，將感謝歸與愛我們的上帝，而不是某個個人。

二、你有欠別人錢、或者別人欠你錢的經驗嗎，這項債務後來是如何處理的呢？

17 聆聽是一種更好的溝通

默想：我們四個相識近二十年了，幾乎每個月一聚。從二十多歲走到如今的中年，歲月在彼此身上留下的痕跡，沒有人比我們看得更清楚了；不過，也有好事。最明顯的是，大家、特別是我，開始「長耳朵」了。

年輕時的聚會，四個人，想講話的得「舉牌」，慢了就搶不到，這養成我一分鐘說上二百五十個字的實力。聚會裡，一陣稀里呼嚕，說完自己想說的事，聚會就算完畢了，月復一月。我一直不知道好朋友對我的評價。直到這一、兩年，他們說，嘿，你變了！你現在會「聽」人家說話了。喔，可見以前我多霸氣。

這三個好朋友跟我搶發言權，搶了二十年，最近可終於到手了。不是他們多了一張嘴，而是我打開了耳朵。

一個人有兩隻耳朵，卻只有一張嘴，不過，對大部分的人來說，「聽」卻似乎不是天生就會的事，比「說」還更需要學習。我在學習「聽」的過程中，漸漸體會到聽是一種等候、一種接收、一種期待，並且，也常常是一種謙卑；聽，比說還要豐富。

有時，聽是一種更好的溝通，調整互動時的節奏；說話的兩人中，若有一方開始傾聽，不知不覺會讓那個急著想要表達的人慢下來、慢下來，傾聽的態度讓對方放下心裡的焦慮，他知道無論如何你都會聽下去，那麼他也就願意一字一句對你傾心吐意，你們之間的對話才能夠深入進行。兩個都在說話的人，其實什麼也沒說；沒有被接聽到的訊息，像失落在宇宙間的寂寞星球，在各自耽溺的自轉中永遠碰不到彼此。

這樣說話，有什麼意思呢？

聆聽，在信仰裡是個很重要的事，耶和華透過摩西向以色列民頒布律令，一開始就說：「以色列啊，你要聽。」（〈申命記〉6章3節）耶穌的教導也要我們聽，「羊也跟著他，因爲認得他的聲音。」（〈約翰福音〉10章4節後）傾聽是個訓練的過程，不斷地練習、直到聆聽神的聲音成爲生活的習慣；神的話語成爲我處世的憑據。

保羅提醒：「信道是從聽道來，聽道是從基督的話來的。」（〈羅馬書〉10章17節）也許在禱告中，我們別老是搶上帝的話，叨叨絮絮自己的事沒完沒了，留給上帝說話的時間卻那麼地少。給神多一點空間和時間吧，祂有許多話想對我們說，而我們每天花多少時間聆聽上帝呢？

武俠小說裡的高手常能「聽音辨位」（不只盲劍客），當他們聆聽時，關閉其他感官，只是極其專注地諦聽，以至於，刀光劍影，全被他們聽了進去……。可見得「聽」

是一個非常純粹而且效率很高的感官。在這個嘈嘈嚷嚷的世界裡，我也需要這樣的能力：聆聽上帝的聲音、辨別上帝的所在、緊緊地跟隨。

有耳可聽的，就應當聽。

——〈馬太福音〉11章15節

分享與討論：

一、有人說「說話是一門藝術」，那「傾聽」可就是一門功夫了。傾聽並不是把嘴巴閉起來不說話就夠了，傾聽是要把心打開，認真地接收對方發出的訊息。很多人的人生難題就是在「說」、而且有人「聽」的過程中，就得到了出路，例如向神父告解、尋求心理醫生的幫助，他們主要的工作就是「聽」、很真誠地聽。讓說話的人在一種充分的安全感與被尊重的感覺中，說出心裡的話，別急著下結論、也別急著給他建議，或許你的傾聽，已足以讓他在混亂中找到安定的力量。傾聽的力量是讓說的人覺得自己被看見、被重視、被理解、被愛。

二、你有傾聽的能力或者習慣嗎？請分享你最難忘的「傾聽」的經驗。

18 朋友的批評

默想：孔子稱許「友直、友諒、友多聞」，排名第一的是「友直」，但是在現實生活中，如果真有一個這樣的朋友，我們受得了嗎？會開心嗎？人生活到這把年紀，誰不是三山五嶽江湖老成，有誰能夠指正你？誰説的話，你會聽得進去呢？

而我愈活愈感覺，如果有人能夠直言不諱、眞誠地批評我，是我絕大的恩寵與幸福，特別是來自神的責備和提醒，更是生命改進和變化更新的源頭。上帝很明白地說：「凡我所疼愛的，我就責備管教他。」（〈啓示錄〉3章19節前），祂若不是愛我，何必諄諄教誨、再三提醒？即使連最有智慧的所羅門王都要說：「棄絕管教的，輕看自己的生命；聽從責備的，卻得智慧。」（〈箴言〉15章31節）何況平凡如我等之輩？

我有位董事長級的企業界朋友，年高且自許德劭，向來心高氣傲，對屬下、家人、朋友的話總是嗤之以鼻。我看著他的居高臨下，常覺得他眞是天底下屬一屬二的悲哀者，因爲在這個世界上竟然沒有人可以說他什麼——他認爲沒有比自己更高明的人，這獨孤求敗的孑然一身，怎麼能幸福呢？

再這樣下去，他的生命將宛如一灘死水，沒有什麼變化的可能了；沒有新的可能性，這正是生命最大的災難吧。

唐太宗說：「以人為鏡，可以明得失。」而上帝的責備更是讓人看見指望、從昏睡狀態重新「活」過來的力量，「凡事受了責備就被光顯明出來，因為一切能顯明的，就是光；所以主說，你這睡著的人，當醒過來，從死裡復活，基督就要光照你了。」（〈以弗所書〉5章13、14節）上帝的責備裡最重要的是顯明祂對我的愛與不放棄，一句批評一分情，一句責備一分愛：上帝知我愛我、與我同在，捨不得看我吃苦受罪，所以才會不厭其煩地說我；祂的指教是我向上與改變的動力。

求神幫助我，在我犯小錯的時候，可以虛心領教神的責備，好教我在一生中縱有失腳的時候，也不致於仆倒（〈詩篇〉37章24節），大錯可以少一些、少一些、更少一些，更蒙上帝的喜悅。人若留心上帝的直言，會多得祝福、在生命裡少吃很多苦頭；人若輕忽甚至厭惡神的提醒，不幸與挫敗便如影隨形。

神的責備，讓我知道自己一生中都有著祂的注視、關心和在意。祂的話語背後，是濃濃的盛情，不住的愛。

所以，給耶穌「友直」的空間，就是給自己的生命一分前進的動力；把神的話語聽進去，把充滿盼望的生命活出來。

一句責備話，深入聰人的心，強如責打愚昧人一百下。

——〈箴言〉17章10節

分享與討論：

一、所謂「會買的才會嫌」，世面上很多暢銷用品都曾根據「客訴」的意見進行過修改。那些關心我們的、把我們當一回事的家人好友，才會在我們面前說出我們不對、不好的地方，否則他們幹嘛自找麻煩？這年頭誰不想當好人、誰不想省事？願意「冒犯」你、對你提出建言，是需要很大的勇氣和愛心的；直友相諫，提供我們一個省視自我的機會，所以先別發作，也先別自責，冷靜想一想，他說的有沒有道理，有則改進，無則嘉勉。

二、請分享是否曾因為朋友的直諫而帶給你幫助的經驗。

19 同理心

默想：有個朋友跟我分享他的人生，很訝異，這個看來光鮮亮麗的人，對自己的生活，評價竟是「混亂不堪」，頗有「滿紙荒唐言、一把辛酸淚」的味道。

從前我與人說話，喜歡嘩啦嘩啦表達意見，就是有「冷場恐懼症」的那種人。現在，面對一個在美麗端莊之下、卻說自己半生虛假的人，我只能無言，因爲我覺得這當中有一種巨大的矛盾與對抗，是我沒有能力參與的；我用全然的沉默表達我在無能給予安慰中仍然存在的同情。

其實，能夠坦白自己的光景，已經是一件很不容易的事情。一方面，愈是活在高處的人，愈不能也愈不想面對自己；他們每天把自己搞得累兮兮地，手機講不停、伊媚兒發不停、會開不停，一天，就算過完了。面對生命裡的種種缺口或者傷口、與靈魂對話，是一件太累的事情，很多人選擇不做。

由於人們不習慣做靈魂交談、不善於把時間用在眞正的對話上，以至於我們的交會常常只是浮光掠影的蜻蜓點水。也因此，許多時候，就無能力分辨相交久遠的朋友，眞實的人生需要是什麼；不知有多少人和我的這位朋友一樣，在外面的世界活得生猛有力、形象開朗，獨自一人時卻千瘡百孔、心裡老是有過不去的難關；更傷感的是，「便縱有、千種風情，更與何人說？」的這種感慨。有些朋友是這樣的，他可以與你天南地北，什麼都談都聊，但一轉到內心的問題，他就閃避了，他不談自己，他也不要聽別人談他自己。

很多年前，一位名流邀請一群新聞記者吃飯，我跟這位名流非常不熟，不知為何也在受邀之列，如果是現在的我，這種飯局我是不會去的，但當時總想去認識一下也好。很明顯的，飯局上大部分的人都與這位名流不熟，大家東拉西扯也不曉得在說些什麼。突然間，名流說起了自己的婚姻；名流的妻子也是個名人，大家當然豎起耳朵聽。

這對台北人都很熟悉的名人的婚姻裡竟充滿種種不可思議的情節，打架、家暴、精神分裂症……。我愈聽愈訝異，這位名流有必要把這麼多私密公諸給一群其實相當陌生的人聽嗎？從名流口中說出的妻子，行為可笑到幾近荒謬，有位仁兄竟笑得從椅子上跌下來，我很難忍受這樣的場景：當一個人掏心掏肺在談自己生命中最不堪的遭遇時，人們卻當個笑話來聽。

那次聚會給我很大的震撼，我理解到一個生命陷入苦難的人，有時會出現一種表達的抓狂，他心裡的苦就是要說，不管時間對不對、場合對不對、人，對不對。如果我們缺乏一種同理心，很可能就會把別人生命的傷痛當作一個笑話或者甚至八卦來傳述。

我警惕著，希望自己不是這種「看熱鬧」型的人，即使不能提出什麼好辦法來幫助需要的人，最起碼，我讓自己安靜陪伴他；不要把別人的人生當作無關緊要的話題。耶穌從沒把鬼附、瞎眼、瘸腿……的人，當個笑話來看。

至於這位開始覺察並且不滿、不安於自己生命「表裡不一」的朋友，我想，上帝是在提醒我，單單聆聽是不夠的，他已發出SOS的信號了。

你想這三個人哪一個是落在強盜手中的鄰舍呢？他說：「是憐憫他的」；耶穌說：「你去照樣行吧。」

——〈路加福音〉10章36、37節

分享與討論：

一、有時我們會在某種「天時地利」下，有機會與聞別人生命中最不堪的經驗，這是上帝的安排，我們最好不要輕忽。也許這個人在他熟悉的人際關係裡，說不出自己困難痛苦，也或許是因為他覺得你能給他某種安全感，所以就對你傾吐了心情。然而，所謂的不要輕忽，並不表示你一定要給他什麼實際的建議或者甚至讓他的問題成了你的壓力，而是你當下誠懇相對，也讓他事後不後悔曾對你說了這麼多，因為你會謹守他在人生某個最軟弱的時刻，傾吐過多的祕密。在偶然的交會中，我們交換苦難，然後，繼續向人生前進吧。

二、請分享是否跟人有過「交淺言深」的經驗，你對一個實際跟你不熟的人，驟然間與你談論他生命中最深的隱私時，是用什麼態度回應他？如果你發現自己沒有能力消化，會委婉讓他知道嗎？

20 慢說

默想：這陣子台灣很流行「慢」，慢活、慢食與慢行。在信仰裡，還有一種慢，慢慢的說，慢慢的動怒，情緒，慢些來。

保羅說「快快的聽，慢慢的說」，指的是我們對上帝的眞理要有一顆渴慕的心和一雙靈敏的耳朵，樂意追求並接受神的話語；快快的聽意味著心裡是多麼嚮往神的話語，多麼期待與神相遇；「留心領受訓誨，側耳聽從知識的語言」（〈箴言〉23章12節）。

快快，指的也是專一的心，不是「左耳進、右耳出」或者有耳無心這種敷衍了事的態度，快快的聽，表示我們願意讓心成爲神話語的好田，結實纍纍。

慢慢的說、慢慢的發怒，倒不是指說話的速度，也不是說不要很快地發脾氣，而是指反應。當我們領受了神的話語、神的恩典，不要很快地以自己的體會去論斷他人，也不需要「好爲人師」；這話也可以運用在人際關係上。

語言是有功效的，不能隨意發出，特別是對一個處在困惑與無助狀態下的人，我們所說的每一句話，對他可能都會有很大的影響。

當別人的人生出現困難時，要讓他有機會用自己的步伐和方法，尋找上帝的幫助。因為每個人與上帝的關係都是獨特的，當我們尊重每個人與上帝不同的互動時，也就是尊重上帝，因為上帝對每個人都有祂不同的帶領，那方法、過程，可能和上帝帶領我的不一樣，我不能以自己的經驗去限制上帝的作為。

然而，包括我自己在內，很多人都有一種我戲稱為「給答案強迫症」的毛病，當他人抱怨訴苦時，我們總是非要給個答案不可，不然就好像會顯得很遜，或者很不夠朋友。其實，有時別人不過是發發牢騷，他找你的目的，就只是希望你聽，如果沒有真知灼見、特別是對他的問題還沒有足夠深刻的認識之前，我們實在不必一定硬要提出建言。

前兩天，我有個很有趣的發現。跟某位朋友聊天時，他突然問起我對某件事的看法，我回說沒有什麼深刻的觀點，結果這位朋友發表高論超過半個小時，我頓時領悟到，其實當一個人問你對某某事有什麼想法時，很可能是因為他自己迫不及待想要發表意見，如果我們未能敏銳地覺察他內在的需要，還真的給他大發議論，說不定對方會聽得很不耐煩呢。若是不夠留神，我們確實是很容易「被口中的話語纏住」（〈箴言〉6章2節），而不明白別人真正要表達的是什麼。

這個世界上會讓人分心的事物實在很多，有些是以有趣的面貌出現的，牽動我們的情感，讓我們著迷其間，並因而日漸與神疏遠；另一種，則是以批評的方式出現的，讓我們忍不住急著想要辯解，結果往往是把時間花在很多根本不重要的事情上。

人生苦短，我懇求神教導我把時間精力集中於神自己身上。慢慢說話且慢慢發怒，免得人生在不必要的話語和情緒裡，失神失焦。

但你們各人要快快的聽、慢慢的說、慢慢的動怒。

——〈雅各書〉1章19節後

分享與討論：

一、心臟有毛病的人，醫生會給他做心電圖，不過，在門診裡做的那種「十秒鐘心電圖」有時也發現不了什麼問題，醫生會進一步做「二十四小時心電圖」（霍特氏心電圖），讓病人掛著一個機器一整天，看心臟在不同時段會有什麼樣的活動狀況，這對了解心臟有很大的幫助。有時我們也很需要一個「全天候說話記錄器」，看看我們一天裡用怎樣的速度、跟誰說話、說了什麼話。當我們觀看這樣的記錄時，可能會非常「驚悚」，為什麼自己竟然花了這麼多時間說了這麼多言不及義的話。在這個「過度表達」的世代，我們不缺載具，缺乏的是內容。

二、你是一個急性子還是慢郎中呢，請分享你的個性對人際關係的影響，好的影響或者不好的影響都可以談。

21 在人生休止符中看見上帝作為

默想：有一次去採訪台中市長胡志強，因為事先時間沒喬順，在胡市長所在的台南奇美醫院等了五個多小時，起初我還一直聯絡，試圖將採訪時間提前，不過在發現機會不大後，我決定不要再去想更動約訪的時間；拿出書來閱讀。

我發現這個周末午後，實在很適合閱讀，因爲人很少，安靜的氣氛加上我哪裡也去不了，只能在那裡等電話，反而因此成就了一個絕佳的讀書時間。我在等待的過程中，讀完當日讀經進度外加兩本書。讀完書，採訪時間也到了，我覺得這是一件非常棒的安排，這被挪移出來的時間，讓我把一直想讀卻沒有時間讀的書讀完。

一段無聊或者無奈的時光變成了一段與世隔絕的、安安靜靜的閱讀時光。

我是一個在飛機上完全不能睡覺的人，因此長途飛行對我而言始終是一件非常折磨的事，我最高的紀錄是連續在飛機上看了五部電影。當我愈來愈了解自己的這個狀況後，開始改成在飛機上看書，特別是那種又厚又重、平常找不出時間讀的小說，最適合在飛機上閱讀。

我有一拖拉庫沒有時間觀念的朋友，約好的時間遲到半小時就算是賺到了，常常是約十二點吃飯，一點才到。朋友到時，我們在馬路上當場就吵架的事也不陌生；但遲到的人總有不得不的理由：「正要出門前接到一個朋友打電話，說她小孩這次數學只考五分，她快要崩潰了，我能不聽她訴苦嗎？」諸如此類；因為某個小朋友數學考五分，我就活該倒霉等一個小時？

後來習慣隨手帶本書，管你幾點到，我無所謂了。反正朋友聚會常常也不過是喝咖啡聊是非，沒那麼嚴重。因為生活裡這些「出ㄘㄜˊ」的狀況，給了我不少額外的閱讀時光。甚至我常會感謝這種「動彈不得的空閒」，因為在那段時空裡，本來也無處可去、無事可分心、不能上網、沒事可做，反而可以心無旁騖的閱讀。

有位喜愛拼布的朋友，最常在一些除了「等待」之外沒有事可以做的時間裡拼布，一小塊一小塊拼，回到家時再把這些拼成一大片作品，看到美麗的拼布作品時，我們都很羨慕，心裡也想：「唉，我哪來的美國時間可以做這？」

有一次，我幫女兒去補習班劃位（因女兒隔天一大早要上課不能排隊）；現在台北名師補習班的盛況令人嘆為觀止，在一班近千人的學生中，你為了要坐到視線較好的位子，只好提前在半夜時去排隊。在漫長的排隊時光，大半部分的家長都是看報、打盹、跟前後的人說些不著邊際的話，好幾個鐘頭也就這樣過去了。

那時我突然有一個想法。不要小看這些「沒有用」、「除了呆呆地等待、沒有別的事可以做」的時間，若我們懂得「化整爲零」，其實這才是一段「不受干擾」的時間。既然你被限制在這段時空裡、什麼地方也去不了，豈不可以更專心地做些什麼事？況且，我們可能會發現，人生這種到處可見的零碎時間加加起來，比一大段完整時間多很多，我們很難永遠要在「萬事俱備」中才能做事，常常必須學會在當下的環境下完成；零碎也可以很「有機」。

進一步來看人生際遇。羅馬政府把老約翰放逐到亞細亞海岸外的拔摩島，與世隔絕、無人能至，約翰就在此專心地寫作了影響後世甚深的《啓示錄》。

當上帝把我們放在一個「前不著村、後不著店」、完全走不開的情境裡時，我相信祂不會是要我們無所事事地消極「打發」眼前的人生，而是用另一種方式要我們在被迫「專心」中，用一個新的眼光看待目前的處境與角色，並發現上帝隱藏其中的呼召。

孔子說「用捨行藏」，但我相信，即使在看似「捨藏」的境遇裡，上帝依然有話對我們說；祂知道我們太容易分心，因此三不五時創造一段低盪的時刻，讓我們擺脫眾聲喧嘩、辨識上帝的聲音。

上帝不是要讓你苦無出路，乃是要助你脫去纏累、學習單單回歸主面。

你的手製造我，建立我；求你賜我悟性，可以學習你的命令。

——〈詩篇〉119篇73節

分享與討論：

一、我們的生活不會毫無理由地從光鮮熱鬧，轉變為門前冷落車馬稀，其中一定有什麼重要的訊息，上帝非要透過這樣的「大動作」來告訴我們不可。因此，一旦發現我們的工作、生活陷入某種僵局時，先不要忙著抱怨，或者急著找出路，而是應該非常安靜、非常專一的禱告，切切尋求神的心意；因為當我們的人生出現了一個「休止符」時，意味著上帝的音樂將會出現另一段美妙的安排，但我們靜下心來聆聽了嗎？

二、請分享是否曾有過「龍困淺灘、動彈不得」的經驗，你在這樣的經歷裡，有什麼特別的體會，又做了什麼樣的努力？

22 有目標的學習

默想：今天跟一位姊妹電話交通時，她跟我提到她想去上室內設計的課程。以我對這位姊妹的了解，我認為這是個不錯的選擇，因為她向來是那種對「生活美學」很有感覺的人，往這方面去努力，假以時日，應該能夠累積出一點什麼來。只是，我建議她思考一下，為什麼要學這個，以及，有沒有一些比較長遠的計畫。

在我們這個年紀，當然很難藉著上這樣的課程就成爲某個領域的專家，但我仍對這些投入時間和金錢的學習有一點點期望：希望自己的學習，是放在一個比較長的想法上的，希望學習不是隨機的、不是即興的、不是點狀的，而是深思熟慮的且是線型的，一樣東西學久一些、學深一些，讓學習的成果可以眞的在生活裡派得上用場。最重要的是，生命有限，我希望自己所學習的東西與神對我的呼召是有關的。

我認識不少酷愛學習的人，常常東學西學，所學的東西彼此間並沒有什麼關聯，或者是只上一期課程，剛剛入了門就又換其他的內容，永遠都在各式各樣的「初級班」裡打轉……。我覺得很可惜。

在我所生活的台北，「社區大學」、「終身學習」……之類的課程很多，只要是公辦的課程，學費大都很便宜，有些公益團體辦課程收的「保證金」，如果全勤，還可以全數退回。生活在這樣方便學習的城市，眞的十分幸福；但儘管如此，學習卻並不是無成本或低成本的，最珍貴的資源乃是我們的時間。

由於可以做的選擇實在很多，有時「熱愛學習」這件事情反而會讓生活甚至於生命失焦，畢竟，這個世界上有意思的事情太多了，眞的學也學不完，而人生不能永遠都是「搵豆油」式的淺嘗即止，弱水三千，總要擇一瓢飲，要選少樣東西，深入耕耘。

我們的年紀，四十頗有餘，五十尚不足，算是尷尬年齡，但更是黃金歲月，離開學校夠久了，還有一顆學習的心，很不錯，但要能夠從業餘變專家，大概也不容易，又不能像七十、八十歲老人家，純粹把學習當殺時間的活動。

所以，我們這年紀，若要投入學習，我的想法是：設想十年之後的自己要成爲一個什麼樣的人，然後以三年爲一個單位，慢慢累積自己在這方面的專業能力，讓這件事在我們退休後，可以發揮很好的價值，如養成一個很好的運動習慣；練一樣樂器；學第二外國語；學插花、編織、拼布；寫作班；在神學院的延伸制裡，一次只選一門課……等等。一季、兩季，不覺如何，五年下來，一定會發現往自己想要過的生活又靠近了些。

我目前在下班後所做的事、所上的課，與十年之後的自己「要爲上帝做些什麼」是密切相關的。我從兩年前開始在神學院選課；我也在這些學習中持續禱告尋求神的心意，願神指導我，把時間和資源花在祂要我努力的方向上，不偏離主的心意。與此無關的事，我想以我的年紀就不合適再去亂混了。「你們要愛惜光陰，用智慧與外人交往」（〈歌羅西書〉4章5節）。

生命是往逐漸年老的路前進的，這是上帝訂的自然律，但神也應許我們「年老的時候仍要結果子，要滿了汁漿而常發青」（〈詩篇〉92篇14節），願我在有限的餘下光陰裡，一切的努力都對準了神的永恆。

你們存這樣的心，從今以後就可以不從人的情慾，只從神的旨意在世度餘下的光陰。

——〈彼得前書〉4章2節

分享與討論：

一、不要小看業餘的學習，這些學習不但能夠為我們在工作和家務之外，創造更多的樂趣，如果堅持下去，日積月累，說不定也可能創造一片天，很多所謂的達人，其實一開始也是從「有興趣」開始，做久了就成了專家，甚至還開創了事業第二春。不過，孔子說過：「吾生也有涯，而知也無涯，以有涯隨無涯，殆矣。」所以不能做老是在學習的追星族，這是非常浪費生命的事。我們最好看準目標，選擇了之後，就堅持下去。

二、你目前最想進修、最想學的是什麼，你準備開始了嗎，打算怎麼進行？

23 失去與擁有

默想：人的一生中常常都在處理「失去」這件事情。

快到母親節的前兩天，報社同事企畫了一個專題談「母親的珠寶盒」，我看了許多作家和讀者談他們母親的珠寶盒，生平第一次開始想這個問題：爲什麼我從來沒有想過要擁有一個珠寶盒？不，問題應該是，爲什麼我從來沒有想過要擁有任何珠寶？

我三歲時，小我一歲的妹妹因病過世，當時家裡沒什麼東西可以做她的陪葬品，媽媽看上了我的最愛、一串小小的白色珍珠項鍊，當然那是假的珍珠，只是對三歲的小女孩來說，這已經是無價之寶了。在那個年紀，我還不大理解「死亡」是怎麼一回事，只知道以後恐怕看不到妹妹了，所以幾乎未吵也未鬧地把珍珠項鍊交給了媽媽，讓媽媽去發落。

妹妹未發病前，我曾和她拍了一組照片，就是那種黑白照再加上人工塗上顏色的彩色照片。照片中的我，規規矩矩坐著，一臉乖巧、脖子上，掛著那條我視爲珍寶的項鍊。項鍊我當然永遠也看不到了，它已經屬於妹妹。此後的幾十年，每次一看到這張照片就會想到這串項鍊、我生平擁有的第一個「珠寶」。但我從來沒有在媽媽面前表達過對這串珍珠項鍊的懷念或者捨不得，比起已經死去的妹妹，任何東西都顯得無足輕重。

但我卻因此會想，「擁有」是一件太痛苦的事情了，因爲這意味著有一天，你可能會因爲各種理由「失去」，而且失去的時候，你不能哭。我這才明白爲什麼成年以來，我幾乎從來不曾想要在自己的資產中增添什麼，「不要爲自己積攢財寶在地上，地上有蟲子咬、能鏽壞，也有賊挖窟窿來偷。」（〈馬太福音〉6章19節）這話對我並不困難理解、也不困難做到。

比較難放下的是另一種「擁有」，人與人的關係。生命中常有人離開，並且常常是我不知道原因或者不能接受的原因的離開，「多情自古傷離別」啊……。直到進入教會、接觸信仰後，我才慢慢了解，「不要把人生的安全感與滿足感建立在另一個人身上」，這件事是我生命中又大又難的課題，因爲我前半生這樣的經歷一直未停，我動員所有的解釋系統亦無法合理解釋爲什麼生命中會有那些來去如風的人，因而糾結苦痛。

人總要求得對人生的一切境遇「給個說法」，然而，我們對生命的理解只落在三度空間裡，但生命的奧祕卻在四度空間中，得失遇合，我們往往沒有足夠的智慧與看見可以給更多的解釋了。

我漸漸理解到「你的財寶在哪裡，你的心也在那裡」（〈馬太福音〉6章21節）這句話所說的「財寶」，並不止於有形、具體的財富，也指我們在世上放不下的一切，名利、健康、各種人際關係，特別是人生裡各式各樣的感情際遇等等。

關於「失去」這個課題，上帝給每個人的學習都不一樣，因爲每個人自覺人生最重要的「財寶」不同。然而，不論是何種失去，最終，作爲神的兒女，我相信我們將一如約伯，在經歷人生種種搏鬥後，對上帝、我們的神發出這樣的讚嘆：「我從前風聞有你，現在親眼看見你。」（〈約伯記〉42章5節）

失去世界，得到的，是屬天的福分。

> 我赤身出於母胎，也必赤身歸回；賞賜是耶和華、收取的也是耶和華；耶和華的名是應當稱頌的；在這一切事上，約伯並不犯罪也不以神為愚妄。
>
> ——〈約伯記〉1章21、22節

分享與討論：

一、我們很難因為怕失去就拒絕擁有，因為這兩個經驗對我們生命都很寶貴，也都是我們認識神、與神建立關係的媒介。安心享受「擁有」，因為這是神賜下的恩典；靜心體會「失去」，因為在無邊無際的傷痛與寂寥中，我們學習單單抓住神自己而活。如果慈愛的神一直讓我們擁有，從不讓我們失去，那會怎麼樣呢？先不說這有違自然律，可能造成物質界的大混亂，對我們的心靈品質也未必是好的，因為我們將不可能珍惜「擁有」，不可能因為擁有，而喜樂、感恩，那麼，擁有又還算是個擁有嗎？

二、請談談在生命中最難忘的「失去」的經驗。

24 不以惡小而為之

默想：前兩天與朋友相約在政大校園裡的餐廳聚餐，大雨滂沱，再加上我出發時已經有點遲了，所以決定開車。雖然在政大念研究所，但因住得不遠，我平常不會開車去學校，都以腳踏車代步。

結果那天車子開到門口，才知校園並不對外開放停車，校外馬路放眼望去全是紅線，而大雨仍不要命地下著……因此，當門口警衛問我要到政大做什麼時，我幾乎想也沒有想的脫口而出：「我到商學院找老師。」順便，把我在報社的服務證拿出來晃了兩下。

我想，警衛一定以爲我是要去採訪什麼人的，所以就揮了揮手讓我進去。

一路忐忑、罪惡感十足：只爲圖個停車方便，我輕輕易易地撒了個謊，整個動作一氣呵成，簡直是「流線型演出」，心裡，眞有點不恥自己。但同時又想，反正我也沒告訴他我要去「訪問」老師、我只是說我要去「找」老師，所以，等會吃完飯，我「順便」去找研究所的老師「聊聊」，應該就不算騙人了吧？

當然，我明明知道這是撒謊。因爲我嘴裡沒說，亮出服務證，就分明有意誤導。我知曉自己的動機，隱而未現的事，上帝也同樣清楚（〈路加福音〉12章2節）。我又想安慰自己，這是小事一樁，校園裡停車格空著也是空著，讓我停一下有什麼關係呢？上帝這麼愛我，不至於讓我大雨天裡淋個狼狽吧？

然而，除了神，誰能決定、誰知道什麼是大事、什麼是小事？摩西以杖擊磐石無甚要緊嗎？以撒沒有聽出雅各假扮以掃是小事嗎？摩西因此不能進入迦南地；雅各奪去以掃長子名分，影響到了後面的無數世代……葡萄正開的花、結的果，卻被小狐狸偷偷摘了去。狐狸雖小，形蹤不定、破壞力十足。

在小事上妥協，會招致更大的失足；在小事上馬虎，會引發嚴重的後果，我知道，對警衛撒謊，不是小事，因爲不可撒謊，是上帝很明白的吩咐。更何況，雨天聚餐停車這件事，連「處境倫理」（situational ethics）的討論都談不上，我只能說，這樣的事情再次證明，過犯是如何可以輕易地將我打敗；也讓我看清，罪的意念就像破壞花園的小狐狸，隨時伺機而動，實在很難靠著自律與自我要求勝過，惟有仰賴神的恩典。

事無分大小、罪無分輕重；出於神的旨意與誡命，我就應當遵行，違反就是得罪神，「人在最小的事上忠心，在大事上也忠心；在最小的事上不義，在大事上也不義」（〈路加福音〉16章10節）。當我們不夠謹慎、不夠儆醒，當小小的引誘來時，我們未能抗拒，其實就決定了我們是用什麼態度面對神、決定了明天生活的成敗。

聚餐停車一事有沒有別的解決辦法呢？至少想到兩個。第一，我提早出門慢慢走，根本不要開車；第二，直接告訴警衛我是要去用餐，如果實在不能進校園，就在外面轉到有車位爲止，若因此遲到得太兇、被友人責怪，也只好認了，誰叫我要晚出發？我是既怕麻煩又怕挨罵，所以直接採取最廉價的步數，得罪了神，心裡後悔不已。

要給我們擒拿狐狸，就是毀壞葡萄園的小狐狸，因為我們的葡萄正在開花。

——〈雅歌〉2章15節

分享與討論：

一、便宜行事會養成習慣，最重要的是侵蝕我們的價值觀和做事流程。為了貪圖方便，我們會說服自己，走個捷徑不會怎麼樣，撒個小謊沒什麼關係，程序正不正義不要緊，達成目標比較重要。漸漸的，我們對不合宜的事，不對的事，甚至不法的事，失去了戒心，「小時偷瓜，大時牽牛」，就是這麼來的；人是容易被試探的，對罪的敏感度會因為小事不察而逐漸麻痺，等到大事來時，也全無力抵抗了。

二、你有沒有在小事上違規、任意而為的經驗，你怎麼看自己的行為，是覺得無傷大雅，還是影響深遠？

25 不逞口舌之快

默想：大力士參孫力量的源頭在頭髮，當他在愛人的幾番慫恿和刺激後，就說出了這個祕密，然後被人剪斷頭髮，眼被剜、拔柱而亡。荷馬史詩中的希臘英雄阿奇里斯全身刀槍不入，唯一的弱點在腳踝。

每個人都有別人碰不得的死穴，武俠小說中的大俠，武功再高，可也有不堪一擊的地方，比武的時候探出高手的罩門，可以說就贏了一半。在現實生活中，愈是親密的人，就愈是清楚彼此的「死穴」何在；然而有人是愈知道對方什麼事、什麼地方是碰不得的，就愈喜歡故意挑死穴來對付，「一掌斃命」，也讓兩人的關係萬劫難復。

人際互動中，最難得的是「將心比心」，在進攻別人的死穴前，不妨先想想，如果有人挑你最在意、最難以承受的話題來打擊你，你做何感想、你受得了嗎？

許多人不知道，在爭執時盡挑最毒的話來封住對方的死穴，也是一種自尋死路，在反覆指向對方罩門的時候，彼此間的愛與善意會一點一滴地消失，取而代之的將是恨與排斥，留下無可彌補的傷害——參孫祕密被揭後，飽受羞辱，他拚死命用最後的力氣拔起房間的柱子，房屋倒塌壓住眾人，結果「參孫死時所殺的人，比活著所殺的還多」（〈士師記〉16章30節），你激怒了他，最後落得「與敵偕亡」，有何益處？

如果你知道家人朋友最在意別人說什麼、做什麼，再怎麼交惡也不要掀這瘡疤，因爲你也許並不知道對方爲了這樣的話、這樣事，吃過怎樣的苦頭，你不知道他人的人生經歷過什麼……。在你只是閒話一句、只是氣話一句，卻逼迫他回到生命裡的最苦與最痛，他顫抖、慌張，這樣，你勝利了嗎？

所以，不要隨意逞這種口舌之快、做這種直接攻向對方死穴的事，美好的關係有賴經年累月的培養，直搗黃龍的結果是傷透了對方、也是彼此關係的大潰決。

爲我們和他人的關係保留多一些體恤、慈愛與寬容吧。己所不欲，勿施於人，尤其是，如果這個人是和我息息相關的、知我、疼我、愛我、惜我的人，我們怎能捨得如此待他呢？

保羅提醒：「不要毀謗、不要爭競、總要和平，向眾人大顯溫柔。」（〈提多書〉3章2節）第一步就是體貼、留心別人的死穴，儆醒並且忍住，無論如何絕不挑釁；因爲封住死穴，就等於讓耶和華的力量與愛離開了對方、離開了我們。

參孫就把心裡所藏的都告訴了他，對他說，向來沒有人用剃刀剃我的頭，因為我自出母胎就歸神做拿細耳人，若剃了我的頭髮，我的力氣就離開我，我便軟弱像別人一樣。

——〈士師記〉16章17節

分享與討論：

一、每個人都有軟弱的地方，有過不去的關卡，最親密的人心裡都知道。因為知道，所以體諒、所以疼惜，不但不會拿來累積「相罵本」，而且會用很多很多的愛來幫助你，希望有一天你能夠超越那些生命中的苦毒遭遇，不再為這些事情淚眼悲悽，也不害怕去面對。因為我們都不夠勇敢，沒辦法一個人面對生命風暴的侵襲，所以上帝特別安排你我相偎相依。

二、請談談是否曾經有人因為提到了你最不喜歡、最怕的事，而激怒了你的經驗？你是否想過，為什麼自己會這麼怕別人提到這件事情呢？

26 與哀哭的人同哭

默想：有個非常要好的朋友失去了一樣很重要的東西。聽完他用刻意壓抑的平穩聲調敘述完這件事之後，我以明顯的昂揚語氣說：「太好了，太讚了，你自由了，解脫了！」

好友很意外：「你眞的這麼認爲？你眞的覺得這種事發生在我身上是値得恭喜的？」不，老實說，我並不這麼覺得。

作爲幾十年好朋友，我太了解這件事對他的打擊，我太了解他實在不能承受失去，然而，我卻選擇了一個非常不自然因而也顯得非常不誠懇的方式回應。一如明明傷心欲絕，卻仍要「莊敬自強」的他，我們都在迴避，迴避自己最眞實的感受、迴避眞實人生。

我們以爲，只要不把傷心、捨不得、痛苦的話說出來，這些人生苦境就可以當作沒發生，或者至少我們足堪應付，事實卻並非如此。很可能是，我失去了一個「與哀哭的人同哭」（〈羅馬書〉12章15節後）的機會，我用一種虛僞的瀟灑、廉價的強悍表達的是我近乎冷血的拒絕，我的話語裡有一種暗示：「不，你不要告訴我你很難過，如果你這麼說，那你就太沒出息了。」我用恭喜的語調強迫朋友埋葬感受，但事實上，他還沒有準備好要這麼做。他想在我這裡尋求慰藉，我卻告訴他，你活得好得很，你不需要；他武裝自己但希望我爲他卸下面具，只是我也不想直視他面具背後的苦情，於是順水推舟，與他共演一齣戲。

當他告訴我這個讓人震驚的遭遇時，或許我應該說：「眞的？那你一定很受傷啊。」我應當用同理心去理解他心裡的難受，我應當陪著一起慟哭，我不能在他眼淚還沒有流出來之前，就告誡他：「不許哭啊，這件事沒什麼大不了的……」不是的，好朋友不是這樣當的；眞正的好朋友，是可以讓人放懷痛哭的那種人；是我們不必在他面前假裝堅強的那種人。

有時相識甚深的朋友卻會在不知不覺中成爲苦難落井下石的反挫。因爲彼此太了解，脫口而出的話反而容易傷人。更因爲是好友，我們太關心、太急著想要幫助，卻忘了人生很多事是急不得的，愈是痛苦，就愈是需要一段經歷與消化的時間，我們卻常常「關心則亂」，忙著提供建言、努力做個「有智慧」的朋友，卻忘了，其實，許多時候，我們只需要做個「安靜陪伴」的朋友就好，陪著傷心欲絕的人一同流淚，陪著走不下去的弟兄或者姊妹一同禱告。

耶和華何曾要我們假裝天色常藍、何曾對軟弱、傷心的人「揠苗助長」地說：「你沒事」，祂知道我們經歷過什麼、知道我們有過不去的難關，「耶和華靠近傷心的人，拯救靈性痛悔的人」（〈詩篇〉34篇18節），是的，耶和華靠近，但是人們不當的言語卻常常造成遠離。別急著對別人的人生下註腳、也別急著做結論，只要讓那一同傷心的人，得到安慰（〈以賽亞書〉57章18節後），因此，我應當與這位好友再談，但願這一回，我們都能對他近日這樁遭遇造成的內傷，誠實以對。

你們安慰人反叫人愁煩。

——〈約伯記〉16章2節後

分享與討論：

一、有時不知不覺，我們會變成「痛苦趨避」（pain averse）者，刻意躲避生命中的痛苦經驗，但這對受苦的人來說，等於是給他二度傷害，因為他被迫遺忘、假裝沒事，如果做不到，他會覺得自己差勁、脆弱、沒用；可是他明明就很想哭啊，很想訴苦啊，為什麼大家卻告訴他「這沒什麼，不要再鬧了。」人生沒有什麼是比這深更無解的寂寞，沒有什麼是比這更冷更堅硬的牆壁。等一個人準備好了再要他堅強吧，強迫他，反而延誤了走出陰霾的時機。

二、當你對著朋友抱怨、發牢騷時，你的朋友卻把你臭罵了一頓，說錯根本在你，你會有什麼感受呢？

27 誠實為最上策

默想：有位姊妹因先生刷爆十多張信用卡，整個家計生活被沉重的循環利息拖累，最後她決定用自己名下的房子去貸款，想用此貸款的錢先來償還卡債，畢竟卡債的利息高出房貸利息太多了。

當她拿房子去貸款時，通常銀行人員都會問她借了錢打算做什麼，這位姊妹很怕人家知道她借錢其實是爲了還卡債，所以總是胡謅一通說要創業、開店面什麼的。然而銀行借錢給人，當然會做徵信，一徵信，就會發現這位姊妹的先生欠下巨額卡債，基於夫妻信用是一體的，最後好幾家銀行都拒絕了這位姊妹。

這位姊妹非常痛苦，也非常生氣，因爲先生一路積欠卡債都沒有告訴她，自己一個人撐了三、四年，到了刷爆十多張信用卡、根本撐不下去了才向妻子坦白。但這個時候，幾乎已經是病入膏肓了，利息以「日」爲單位累積，銀行又拒絕房貸，這位姊妹氣到完全不能和先生說話。

但兩人終究是夫妻，大難來時，總還是要共同分擔。當兩人一起跪下禱告時（先生當時還不是基督徒，但被卡債逼得六神無主，就跟著妻子一起禱告），神告訴他們，誠實面對一切，不要再對自己、不要再對人、對神說謊，「因憐憫誠實，罪孽得贖」（〈箴言〉16章6節）。這位姊妹再一次去向家銀行申請房貸，當銀行行員照例又問起貸款用途時，她不再隱埋，直接說明原委；行員也很明白地告訴她，如果是這樣的話，錢不一定下得來。這位姊妹當然清楚，之前她就被拒絕了幾次。

回家之後，她還是天天禱告，先生這時也已決定把公司收掉，不要再做老闆了，免得財務的窟窿愈來愈大。對先生來說，這不是一件容易做到的事，因爲這是家族事業，之前他一直抗拒這麼做；不過，因爲在禱告中，上帝很清楚地告訴他們，這個刷爆信用卡的生意，已經成爲一個「罪的循環」了——要與上帝的愛連上線，就必須先把神所不喜悅的罪的行爲給終止。

將貸款理由據實以告之後，這位姊妹和先生還是沒有把握能否借得到錢，畢竟他們也知道「卡奴」的信用是很差的，不過，因爲已經處理了神所不喜悅的事，所以心裡也平安了；一切就交在上帝手中吧。

貸款核下來時，這位姊妹說她也不知道爲什麼這家銀行會同意借錢給他們，用房貸償還卡債，聽來畢竟是不怎麼有建設性的理由。不過，事實證明，當她願意順服神、誠實說話時，他們的問題也就得到了解決。

現在他們還在償還房貸，但不用再每天看著循環利息往上跳升，心裡扎實多了。先生在結束家族事業後，找到了一分工作，上帝幾乎沒有讓他失業，卸下「老闆」的光環，作一個單純的上班族，太太也在一家公司工作；夫妻倆一起打拚，有信心可以慢慢把債務還清。

但你們的罪孽使你們與神隔絕；你們的罪惡使他掩面不聽你們。

——〈以賽亞書〉59章2節

分享與討論：

一、天底下最痛苦的事之一是共同承受別人犯的錯所形成的後果，而且那個「別人」還不是別人，而是自己的配偶、家人、摯友；心裡一方面生氣，另一方面也很憂慮，因為終究做不到撇下不管，再怎麼不高興、不甘願，總是得一起把問題給解決了。所以，對那些愛我們、與我們共同度過人生的人，真的不要欺瞞他，你的困難早一點讓他們知道，是一種尊重，更是一種愛，事實上，也可以因為有他們旁觀者清的提醒，讓一意孤行的人懸崖勒馬，事情不至於惡化，回頭還來得及。

二、台灣卡奴愈來愈多，請談談你有沒有認識被卡債壓得喘不過氣來的人，他們是怎麼樣變成這樣的光景，打算怎麼做，你又可以幫上什麼樣的忙？

28 尊榮以前，必有謙卑

默想：人的身上有各式各樣的霸氣，這個霸氣就是用自己的行為去理解別人，其結果往往卻是「不理解」。

有幸福者的霸氣，覺得自己可以把人生經營得如此圓滿幸福，眞是滿厲害的，那些沒有辦法得到一份美好的感情、家庭無法和樂的人，肯定是自己太差勁、太不可愛、太沒有智慧，我的一位好友對那種自覺幸福距離他很遠的人，總是很鄙夷，認爲這些人是自找不幸。

還有成功者的霸氣。我訪問過一位暢銷女作家，這位外型很好的女作家當年是出版社刻意栽培的美女牌，作家文筆好也很拚，終於在文壇開創出一片天，對於自己的成功，她的解釋是「完全是我個人努力，那些不成功的寫作者有像我這麼勤奮嗎？」我提醒她，當年那位栽培她的出版社老板總該記上一筆伯樂之功吧？「什麼伯樂？他從我的小說也賺了不少錢，他沒有功勞，只是做生意、壓對寶。」若有人不成功，她認爲沒別的理由，一定是努力不夠。

或者還有「正義者的霸氣」、「大好人的霸氣」、「循規蹈矩者的霸氣」、「美麗者的霸氣」、「減肥成功者的霸氣」、「天天上健身房者的霸氣」，等等。

過去，我自己則是有「積極者的霸氣」。我的興趣龐雜，幾乎什麼事情在我眼裡都是有趣的，因此常覺得大千世界、吉光片羽，處處好玩；對那種覺得人生很無聊、消極、找不到事情可以做的人，特別難以忍受。偏偏，我的生活周遭這樣的人還有那麼幾個，每當他們談起悶得發慌的生活時，我給的建議在他們聽來是很「何不食肉糜」型的：「你去學日文嘛，學插花嘛，去旅行嘛……」如果他們說不，沒興趣，沒意思，之類的，我就會很不屑：「怎麼有你這種浪費生命的人」。

年紀漸長，也在神的提醒下，發現自己常常一不小心就變成了「法利賽人」，自義的思維如影隨形，慶幸自己可以這樣、可以那樣的背後，其實正是驕傲、缺乏同理心。

許多律己甚嚴的人、表現優秀的人，很容易就變成一個「指控者」，指控別人不夠認眞、不夠努力、不夠正面思考……總之，輸了活該、人生無望是咎由自取；忘了，如果今天的自己能夠稱得上有那麼一丁點讓人羨慕的成就，是上帝的祝福與周圍人事物結構下的共同造就，個人有什麼可以誇口的呢？

社會上如那位暢銷作家一般孜孜筆耕的人太多了，暢銷與否還有賴許多環境的配合有以致之；有些人很難擁有積極光明的思維，因爲他的人生苦情太深太悲，看到這些人，真是只能「哀矜勿喜」，對自己的人生境遇，謙卑感謝都來不及，哪有什麼可以洋洋自得的呢？「現今你們竟以張狂誇口，凡這樣誇口都是惡的。」（〈雅各書〉4章16節）「你這瞎眼的法利賽人，先洗淨杯盤的裡面，好叫外面也乾淨了。」（〈馬太福音〉23章26節）所以我要禱告：神啊，求你除去我心中的那個法利賽人。

> 法利賽人站著，自言自語地禱告說：「神啊，我感謝你，我不像別人勒索、不義、姦淫，我也不像這個稅吏，我一個禮拜禁食兩次，凡我所得的捐十分之一。」
>
> ——〈路加福音〉18章11、12節

分享與討論：

一、社會上有一種流行說法叫做「共犯結構」，發生一件不對的事情，不會只有一個人犯錯，而是有著結構性的犯錯圈，很多人都有關係；日本在第二次世界大戰時，在亞太地區發動遠東戰爭，要建立他們的「大東亞共榮圈」，大家共存共榮；在我們的生活裡，其實也有一個隱形的「共榮結構」，很多人用愛、關心、金錢和其他各式各樣的資源，幫助我們，使我們得以擁有今天的光景、今天的局面。沒有一個人是孤島，我們的人生有許多人共同幫助、努力過的痕跡，想到這裡，我們如何自傲得起來呢？感謝都來不及了。

二、請談談你生命中的貴人，他或他們是如何幫助了你？

29 對外勞一視同仁

默想：台灣有愈來愈多的外勞和外籍看護、傭工，最新資料統計，台灣外勞人數已達三十三萬人，這還不包括外籍配偶，台灣每七位新生兒中有一位來自外籍配偶，可以說，外籍人士在台灣已經漸漸形成一個龐大的族群了。

在醫院裡、公園裡，常常可以看到外籍看護工推著老人在醫院裡穿梭、散步，很多家庭如果有臥床或者行動不便的老人，基本上是外傭在盡照顧的責任，說實在的，如果少了這些外傭，很多家庭可能都會面臨很大的困難；而外勞有很多投入在台灣人已經不願意參與的所謂的３Ｋ（骯髒、危險、辛苦）產業裡，從這個角度來說，外來的勞力者眞的幫了台灣很多忙。

不過，近年來，台灣外傭外勞出狀況的新聞也愈來愈多，有時令人不勝唏噓，如何與外來者相處，已經成了一個很重要的課題。過去很長一段時間以來，台灣人是出外打拚的多，總是含辛茹苦過寄人籬下的日子，可能還沒有習慣有一天會成爲別人的主人，也還沒有拿捏好與外人相處的分際；有些人有時會深怕自己「對人太好」而吃虧了。

這種心理不難理不解。當年出了埃及的以色列人或許在這方面也很有學習的空間，不然摩西不會成天提醒他們：「不可欺壓寄居的；因爲你們在埃及地作過寄居的，知道寄居的心，」〈出埃及記〉23章9節）並且告誡他們，不但自己當守安息日，也要讓僕婢守安息日，甚至於連牲畜也要休息，所有作工的都有休息的必要，這才是對上帝誡命完整的遵守。作工者都需要休息，這樣才有力氣繼續工作，要他們7－11、24小時不休息的工作，是非常殘忍的。事實上，用這樣的邏輯去對待外勞與外傭，一時間也許很有「物超所値」的快感，但人畢竟不是機器，久了他們終會以別的方式反彈、表達不滿以至於憤怒，這樣的案例在台灣不算罕見了。

台灣能成爲很多寄居者願意來此打拚的地方，要感謝上帝許多年來的眷顧，使我們眞的從過去以來累積了很多資產，國民所得、經濟實力都成爲東南亞地區很多人所羨慕、嚮往的，也因此才能吸引這麼多外來者願意離鄉背井到台灣打拚，面對情況不及我們的人，我們要心存憐憫，並且學習謙卑之道，感謝上帝如此厚愛台灣。

另一方面，我們更要提醒自己，不要在這樣的氣氛與環境下，養成驕傲與頤指氣使的態度，我就在朋友家看過小孩子對菲傭非常傲慢與不屑的態度，菲傭爲要養家活口，對「小王爺」、「小公主」只能忍氣吞聲，然而，可想而知他們的心裡對這樣的小主人又怎能有眞正的愛與關懷？很諷刺的卻是，菲傭跟孩子相處的時間卻比父母還長，不妨想想，孩子不尊敬也不尊重與他生活最密切的人，這種生活教育能給他一個怎樣的童年？

那些不能發自內心去關愛外來勞動者的人，有一天會發現自己的「斤斤計較」，其實代價全是自己承受。摩西提醒，別忘記，外來者、寄居者、僕婢者也是人，耶和華也愛他們，也該讓他們守安息日。

但第七日是向你神當守的安息日；這一日你和的兒女、僕婢牛驢牲畜、並在你城裡寄居的客旅，無論何工都不可作，使你的僕婢可以和你一樣安息。

——〈申命記〉5章14節

分享與討論：

一、目前台灣的外籍配偶已超過三十八萬人，外配子女就讀國中國小的人數已超過八萬人，較九十二學年度增加了一．八倍，同一期間，全台灣國中小就學人數則是減少了十多萬人，可以想像，外配及外配子女已逐漸成為一個龐大的族群，他們與我們的生活息息相關，我們再也不能稱他們為「外人」；其實，做為一個移民社會，台灣這塊土地上，誰不曾經是「外來者」呢？甚至更擴大一層想，逆旅天地，在這世上，誰又不是短暫的「寄居者」，我們又有什麼好分彼此、好對立的呢？所謂落地為兄弟，更勝骨肉親啊。

二、你家是否有外籍配偶或者外傭，你怎麼看待和對待他們？如果你家沒有，請分享你所認識的鄰居或者親朋好友家的情況。

30 造假並不能贏得尊敬

默想：上帝光照我，我做了一件非常錯誤的事。

《中時電子報》曾經進行過一項「你最喜歡的周報」票選活動，當時我爲了「輸人不輸陣」，遍發電子郵件給鄉親好友，請他們幫忙一起創造人氣，投票給我所編的那個周報。

但上帝不喜悅這樣的事。

我們的對話如下。

上帝：「你的這些朋友看過你編的這個周報嗎？」

我：「不知道，說不定有看過。」

上帝：「他們眞的覺得你編得這個周報是最好的，所以投你一票？」

我：「不知道，應該也覺得不賴吧，畢竟我編得滿認眞的。」

上帝：「他們一個人投了你幾票？」

我：「我哪知啊？」

接著，上帝的話語很清楚臨到：「這是造假的行爲，你要立刻停止。」神說的沒錯，這是不對的，那些被我鼓動著上網造勢的人大概絕大多數只是衝著我的面子，根本沒看過這個版面；我拉著朋友一起造假，眞的對不起他們！於是我趕緊發了一封信跟他們道歉，並且請他們別再上網拉抬我的周報了，因爲上帝已經提醒我，靠這樣造假的方式並不能贏得尊敬，也不符合遊戲規則。

所有上網投票的人都應該看過這個周報，不，應該也看過其他周報，並且眞的認爲我編的那分周報的確最優，然後，才投下一票，但事實是這樣嗎？我心知肚明。我不該利用他人對我的友誼、對我的愛護，拖他們下水。之前，有位朋友接到我「拉票」的電子郵件時還回信：「已遵照辦理」，現在再看這封回信，內心眞的慚愧極了。

我感謝上帝讓我「懸崖勒馬」。許多事做起來幾乎毫無意識到它的錯誤，完全已融入價值觀裡，很輕易就做了，如動員不相干的人在網路上投票助漲聲勢，如果做這樣的事可以毫無感覺，我有何資格責備選舉時買票的人？我所做的事跟這些買票的人，有什麼不同呢？

不過，大部分的情形都是看得見別人眼中的刺，卻看不見自己的樑木〈〈馬太福音〉7章3節〉，如果沒有上帝的提醒，我對自己行爲裡所隱藏的罪與錯誤，常常習焉不察，或者擅於自圓其說。但感謝神，祂是不會被我唬弄過去的，在上帝的面前，我眞實的一面，無所也無須遁逃，祂都了解，祂會用明確的言語提醒並且糾正我的行爲，上帝並不是模稜兩可的神。

二〇〇四年，我採訪一位政治人物，那位政治人物因涉及某項重大的政治紛擾有些舉棋不定，不知道自己是否應該照實說出他所理解的眞相。就在他陷於長考時，有位牧師告訴他：「如果爲大局著想，說謊也不要緊。」我記得這位不是基督徒的政治人物這麼跟我說：「這是你們基督教的牧師說的，應該沒錯吧？」我當時有些屬靈的環節不通，再者，對方是基督教界一個有頭有臉的人物，我不知如何去回應他的觀點。

但現在我的想法是，無論如何，欺騙的行爲都是不對的，上帝不會教人說謊，但祂應許，如果因爲誠實以對而遭遇困境，上帝會爲你開出一條路來，讓你走得下去。我相信上帝的是非價值有一致性與持續性。況且，什麼是「爲大局著想」？爲了讓我在網路票選上不要太漏氣，算不算是一種「大局」呢？讓某些政治人物當選，算不算是一種「大局」呢？從人的角度來說，也許是吧；但我們要在意的，從來不是「人怎麼想」、「人怎麼看」，而是「上帝怎麼想」、「上帝怎麼看」。

以賽亞說：「大衛家啊，你們當聽！你們使人厭煩豈算小事，還要使我的神厭煩嗎？」

——〈以賽亞書〉7章13節

分享與討論：

一、我們都是人生的小小螺絲釘，很難改變或者扭轉一些約定俗成的局面、價值觀，在個人可以掌握的領域裡，我們或許還可以堅持原則，但如果涉及公共的事務，我們「人微言輕」、「職責所在」、「為五斗米折腰」，可以堅持的空間可能就有限了。所謂「大德不踰矩，小德出入可也」，事情的尺度究竟該怎麼拿捏，很難有一定的標準，不過，有個很重要的原則是，「不可主動造假」，特別是如果造假的結果會影響是非判斷，那一定不是上帝允許的。

二、你是否曾因為「大局」被迫要做出符合眾人期待、卻令自己感到躊躇的決定？你當時的心情如何？

31 溫厚對待他人不堪

默想：《春秋》〈公羊傳〉裡提到為賢者諱、為親者諱，閔和雅弗對酒後失態的父親，就是這樣的態度。事實上，不論是否是賢者、親者，這句經文背後所顯示的寬厚、莊重態度，都值得參考——哪怕是平日再怎麼有修為的人，也難免偶有過犯，而面對別人的失態、犯錯，我們存的又是什麼心態呢？是看熱鬧，深怕錯過一台好戲，還是為他耽心，想辦法趕快把他從這不堪的情境中解救出來？

讀到後面這段經文時，感觸很深，因爲我想到了一些往事和老友。

剛跑新聞時正是台灣股市要進入大多頭行情時期，那時的市況光景，現在眞是沒得比。其時，大宴小酌未斷，而當時的媒體不多，平面媒體就是「兩大」，每次記者會最後，總會變成「中時報系」與「聯合報系」的記者群（因爲報系有多分報紙）一一拚酒，而我從未醉過，並非酒量太好，而是另有說來讓人感傷的理由。

大學時有一批愛玩的同學和朋友，大家常常去法商學院附近的「龍門」吃餃子兼飲酒，有位好友每到必喝、每喝必醉、每醉必嚎啕大哭。當時他暗戀一個人，清醒時從來不敢提，但只要多喝兩杯就又叫又鬧，讓我們非常尷尬。我看在眼裡，不只尷尬，更爲他難過，因爲四周裡，總有人很愛看這種「野台戲」，彷彿看人愈出醜就愈過癮的樣子，恐怖得很。

同學酒醒後，我委婉建議他，以後不要再去參加這種聚會了，「你若不去，我陪你不去」。我是非常愛玩的人，這種吃喝玩樂的場合，我是能不錯過就不錯過的，因此，雖然是轉系生，但我早早就融入這「龍門一族」；然而，如果爲了讓好朋友不再於酒醉時「丟人現眼」，我願「捨命陪君子」。他卻不依，或許是巨大的「求不得」的壓力讓他其實就是想尋找這樣的場合好好放肆吧。他的撒野是一種陳明心事的表達方式，痛苦但過癮，可惜周圍太多不相干的閒雜人等，沒有必要這樣掏心挖肺。何況，他是醉了，過度表達。

他讓我看到一個清醒時是那麼矜持保守的人，喝了酒，卻成了一個彷彿赤身的傻瓜，眞是太慘了，所以我暗暗下定決心，無論如何絕對不讓自己喝醉。在日後拚酒的場合裡，這種自知與節制替我省了不少麻煩和試探，因我在年輕時就看見過一個人如何在喝醉之後，讓一大堆人莫名其妙地進入到自己的內心最深處。

即使挪亞如此義人，一喝了酒，也是放浪形骸到連兒子都難堪，幸好他有溫厚的兒子，不願見到父親赤身露體的出醜模樣，以免日後會打從心底鄙夷父親，也避免父親清醒後自覺羞愧、失去做父親的尊嚴，因此倒著進入帳篷給父親披衣；他們始終背對著酒醉赤身的父親。

而我也成了好友的「個人糾察隊」，混久了也知道他什麼時候快掛了，在那之前，就先說：「我們去散步吧」，站起身、離開龍門，我們從中正紀念堂走往徐州路，一路風吹醒酒、逡巡心事，不必讓自己在眾人面前，變成一個大笑話。

於是閃和雅弗拿件衣服搭在肩上，倒退著進去，給他父親蓋上，他們背著臉就看不見父親的赤身。

——〈創世記〉9章23節

分享與討論：

一、所謂「哀矜勿喜」，不但是用同理心去「感同身受」，有時甚至穿越了當事人的迷惘，用旁觀者清的智慧，為當事人釐清真實，為的是不要讓他在自己的糊塗中，受到二次傷害、不要累積過多的不堪，這也是幫助他重新站起來的方法。

二、請分享一個幫助朋友走出他人生痛苦的經驗。

32 不同的答案

默想：前兩天剛停好車、在走向報社的路上，暈眩發作，世界頓時天旋地轉。千辛萬苦走到辦公室後，坐在位子上，眼睛完全無法睜開，因為一睜開會暈得更兇。

我禱告求神挪去這暈眩；這是我的老毛病了，我很清楚接下來會出現什麼慘狀，過去每次都是晚上發作，總要趕緊到我家附近的萬芳醫院掛急診才過關。但現在我在辦公室，發作起來可麻煩了，我一直禱告：神啊，求祢現在就挪去我的暈眩，下班後，要怎樣暈都隨便祢，但現在不要……。

我的確曾有一次經驗，在暈眩發作時禱告，暈眩就立刻停止，那時我正在開車，而且是開在快速道路上，暈眩發作，實在有點危險，因此當我一禱告，上帝就立刻施行醫治，之後一路開車順暢，完全沒事。

那天在辦公室，情況卻不是如此。我拚命禱告，暈眩卻愈來愈糟糕，上帝啊，是不是禱告「失靈」了？有同事發現我已瀕臨崩潰，要我趕緊去報社的醫務室，但我已連路都不能走、神智不清且開始嘔吐，所以同事只好一人一邊架著我去看醫生。

醫生打了一針又開了些藥，然後是靜躺到護士下班。我的狀況仍然很糟，同事堅持送我回家，又是兩個人架著我坐計程車，因爲不能躺下，暈眩狀況愈加嚴重。一路上，我只有四個字可以形容：「暈不欲生」；同事幫我把一切都打點好才離開我家。

這暈眩的毛病到底怎麼來的？有人說是快到更年期了，但我的暈眩已有好多年了，難不成從年輕時就開始有更年期的問題吧；又有人說壓力大，但我的生活實在找不出什麼了不起的壓力；還有人說是運動太少……大家七嘴八舌，老實說，我也眞的搞不清楚，想來想去，那天早上看完余華的小說《兄弟》，激動到幾乎無法呼吸，該不是一時間岔了氣才暈成這德性？

不論是什麼原因，我更納悶的是，爲什麼前次禱告，上帝當場就醫治了我，這回卻讓我暈得在眾人面前又吐又茫，糗到不行？這兩次的禱告有任何本質上的不同嗎？

我爲這個疑問尋求神的心意。

結果，我得到了這樣的答案，不知是否是出於神，但我想在這裡和大家分享。

剛剛調來這個新單位不久的我，因著這麼一次嚴重的暈眩，讓我感受到同事的溫暖和關愛，眞的十分感動。我想，所謂的「患難見眞情」，眞是一點不錯。如果我的暈眩一開始就被挪去，肯定是感受不到這個層面的，這一、兩天，陸續有好多位同事關切病況，讓我覺得自己實在太幸福了。

當然，因爲暈眩也讓我必須再一檢視自己的生活和飲食，我吃得很少動得也不多，有個同事提醒我：「你會不會營養不良？」這是個我從來沒有想過的問題，值得研究；我想我的生活已到了必須全面調整的時候了。

所以，這個暈眩眞是「成果輝煌」、激發出了這麼多想法。「尋找有時，失落有時；保有有時，捨棄有時。」（〈傳道書〉3章6節）上帝的道的確是活潑的，祂不是用一成不變的方式回應我的需求，而是用不同的答案讓我看見生命不同的風景。惟一不變的是，上帝對我的眷顧，「你出也蒙福，入也蒙福」（〈申命記〉28章6節），我清楚，不論是何種狀態，神的愛與祝福心意同樣豐富完全。

我的痛苦為何長久不止呢？我的傷痕為何無法醫治、不能痊癒呢？難道你待我有詭詐、像流乾的河道嗎？

——〈耶利米書〉15章18節

分享與討論：

一、生病、失敗、挫折，都不是我們所樂見的，最好一輩子都不要碰上，然而，幾乎沒有一個人的人生可以完全避免這些負面的經驗，如果我們都是照神的樣式所造的人，生命情境怎麼會這麼糟糕呢？

從神學的角度來說，人在亞當犯罪墮落後，生命不再完美，也就有了各式各樣的缺口，會生病以至於死亡；然而從愛的角度來說，也許也正因為人生充滿瑕疵與毀滅的可能，才讓我們懂得要珍惜、要學習感恩，因為一切美好皆不是理所當然，也都有「保鮮期間」，錯過，就會失落。

二、請分享一個你在低潮中看見神有多麼愛你的經驗。

33 助人與天助

默想：先說我作的一個夢。我夢見自己開著車子去一個市集，我停好車、本來只是想買點小東西，並不打算停留太久。

沒想到市集實在太熱鬧有趣，也非常大，讓人逛花了眼，我走著、走著，完全迷路。基本上，也沒有買到本來計畫想買的東西，就準備走了。但我完全忘記車子停在哪裡，一直找、怎麼找也找不到……。

走得腳都快斷了，還是沒找到車停在哪裡，內心惶恐陣陣襲來；突然有個好心的人借了我一台腳踏車，我騎著車去找，輕省多了……。騎著、騎著，來到了一個有點眼熟的地方，往旁邊一看，嘿，我車不就停在市集入口處不遠嗎？剛剛是怎麼找的？

清醒後，想的倒不是我的車，而是那台腳踏車；路人如織，眞的一點也想不出借腳踏車給我的人是誰、他怎麼會剛好有腳踏車又剛好知道我需要，還有，我要怎麼還他呢？人海茫茫啊……而且，畢竟，我的夢已經醒了。

這是夢；再來要說的是我的眞實經驗。

一九九〇年一月的一個下午，我去《中國時報》面談，當時的我離婚不久，生活恍惚，精神不太集中，連車錢不夠都沒注意到就出門了。從我上車的地方到《中國時報》需要兩段公車票，我上了車才發現皮包裡只剩不多不少，剛好一段票的錢，開始陷入巨大的緊張，因爲面談不能遲到，我又沒有第二段公車票的錢……。

在第一段票的終點下車後，我開始估計從這裡走到《中國時報》要多少時間？但是再怎麼快走，肯定都會遲到的……。止不住的焦慮；那時，我丟掉信仰已經有一段時間，但危急中，還是低著頭禱告了。你眞是無法想像，上帝會如何有創意地幫你的忙。

有個騎摩托車的人停在我面前，他要問路：「小姐，請問妳《中國時報》要怎麼去？」我心想，《中國時報》離這裡，可還有段距離呢，怎麼在這裡就問路了……咦？不對喔，他要去的是．中．國．時．報．欸！我靈機一動，告訴他：「《中國時報》很遠咧，這樣好了，你載我，我直接帶你去吧！」

我想，這位摩托車騎士可能以爲他遇到了天字第一號的好心路人甲；當然，如果他眞是這麼想，也沒錯！只是這「天」字第一號的幸運，是來自上帝，一下子同時解決了我們兩個人的問題。

愈來愈明白，人生路上，上帝的確爲我們預備了出借腳踏車的路人以及剛好經過的摩托車騎士……。往往，這就是神爲我們的困境所開闢的出路，問題是我們是否體會得到神的作為、知道如何善用這些神派在我們生命中的、支持並且幫助我們的「暗樁」，還是，像哈嫩之於大衛派遣來安慰他的人（〈歷代志・上〉19章4節），不但看不到大衛的好心，反而大肆糟蹋？

「聖徒缺乏要幫補」（〈羅馬書〉12章13節），這是神的要求，其實，在上帝奇妙的安排下，我們也有機會可以成為別人生命中的天使，幫助他走出人生的困難一如那些曾經幫助我們的人！「萬事互相效力，叫愛神的人得益處」，這是神對祂兒女的應許。

> 忽有大君中的一位米迦勒來幫助我。
>
> ——〈但以理書〉10章13節中

分享與討論：

一、所謂的神蹟，意思是「量身訂作的恩典」，就是在獨特的情境下，上帝特別為我做的事，為的是讓我認識祂，認識祂愛的心意和能力。當然，你也可以說一切都是天時地利人和，但是，難道認為只是碰巧，比相信真的是有位愛你、在乎你的上帝專為你巧心安排這一切，會讓你感覺更踏實、更幸福嗎？

二、請分享一件上帝在你生命中所行的奇蹟。

34 強者請別傲慢

默想：保羅說當他面對軟弱的人時，他也做個軟弱的人，意思並非他變得軟弱無能，而是對別人的難處「感同身受」，他要「與喜樂的人要同樂；與哀哭的人要同哭」（〈羅馬書〉12章15節），真正地設身處地「穿上對方的鞋子」，去體會對方的處境與心境。

這不是一件容易的事，因爲我們多半會受限於自己的遭遇、感受與價值觀，很難從對方的角度去思考他的問題。記得年輕時，每次聽人家陳述他的困境後，就很快想要給對方建議，而且發語詞總是：「如果我是你的話，我就……」現在想想，這個開場白根本是錯的，其實我的話應該說成是：「如果你是我的話，也許會……」因爲我總是用「我的」個性和習慣去思考、設想他的問題應該怎麼解決，我並沒有能力、也沒有認知到，我應該想辦法從他的立場出發，並且揣想他的性格，在他可能的行事風格與資源裡去尋找辦法。

每個人的經驗畢竟是不同的，「夏蟲不可語冰」，你不去體會他就是從來沒有過與冰點環境相處的經驗，你給他的建議，往往也只能是「何不食肉糜」型的隔靴搔癢，無法對他有眞正的益處。

更多的時候還是一種「強者的傲慢」。

有一天我在一家咖啡店裡小坐，碰巧旁邊坐了一對男女，正在一起讀書，從他們的談話中，我聽出來是一位較資深的弟兄在陪讀。弟兄要信仰應該是較淺的那位姊妹念一段書的內容後分享她的想法，這本是正常流程，不過，這位弟兄對姊妹的心得顯然相當不以爲然（甚至不屑），一再表達不滿意。

因爲他們讀的書正好我還算清楚，所以就一路聽下去，聽他們怎麼解析這本書。看到那位姊妹百般想要討好那位資深弟兄的話語和態度，我心裡漸漸有了氣。最後那位弟兄似乎受不了姊妹的平庸心得，拂袖而去：「我不跟妳談了，自己多想想。」哇！來這一套。

我約在二十多分鐘後離開咖啡店去旁邊的書店閒逛，看到那位弟兄也在書店裡閒逛。他把那位陪讀的人「晾」在咖啡店裡近半個小時，我不知道那位「屈意承歡」的姊妹心裡有多難受緊張呢；她會不會覺得自己實在太笨、太差勁了……。

在我周遭有很多聰明麻利、資源豐富的人，這些人往往很難體會某些人就是沒辦法很快反應得過來、就是沒辦法做到理想的標準。優秀而成功的人傾向認爲那些不成功的人無非是偷懶、不夠努力、活該，但他們並不知道自己生在一個「萬事俱備」的家庭裡有多麼幸運，上帝給了他們一個好的腦袋是多麼值得感恩的事。

因爲他的一切都很順利，因此他不能想像，很多同齡的孩子回到家裡，可能有家暴問題、有父母失業問題、有連張寫功課的桌子都沒有的問題……還有些人，他天生不能集中注意力、智力有差，這些人不是不想努力，但他們往往一分耕耘，要有半分收穫也很困難，你怎能從結果來責備他的過程呢？

幸福的人應該要有多一點的溫柔，站在高處的人應該要有多一點的謙卑，因爲你們所擁有的美麗人生，有很大一部分是因爲在人生的起跑點上，上帝就已經爲你助跑了一大段，你或者聰明，或者美麗，或者身體非常健康，或者有一個美滿的家庭，或者貴人不斷，或者早早就認識了主……。祂眞的待你不薄，把這麼多的好處給了你，所以讓你有很多很好的機會可以展現自我。但也有人，他的天生條件有許多限制，因此不像你這樣展翅上騰、不像你這樣一帆風順，請給他們多一點擔待和等待；He is not heavy, he is my brother……。

那位弟兄比我年輕許多、長得挺好（應是不到三十的年紀，從長相和舉止看來，讓我感覺是那種從小就生長在基督徒家庭的幸運兒，既單純又驕傲）。我站在他身旁，一直猶豫著要不要去提醒他：「對一位比你晚認識神的人，多一點耐心，好嗎？」

因爲耶穌也曾一再包容甚至容忍我們的遲鈍和愚昧；想想耶穌對眾人的耐心與愛心吧。

向軟弱的人，我就作軟弱的人，為要得軟弱的人；向什麼樣的人，我就作什麼樣的人；無論如何，總要救些人。

——〈哥林多前書〉9章22節

分享與討論：

一、在一個標榜成功、追求卓越的社會裡，「失敗」、「落後」是可恥的，也往往得不到同情，然而，當我們說「成功的人找機會、失敗的人找藉口」時，也應該同時理解到，每個人天生的資質與後天所處的環境有很大的差異，也影響了他們的表現；因此人生不應該是「成王敗寇」，而應該是「互相幫補」。

二、找一個你認識，而且你認為他「很不行」的人，假設自己是他，想像你有什麼樣的處境，想像你可以怎麼做以突破重圍。

35 多一點體貼

默想：多年前，我自己有過這樣的經驗。到一家頗負盛名的機構去上班，但是等了好幾個月都沒有領到薪水；或許是人事流程比較複雜，也或許是長官猶豫不決，不知道究竟要不要正式聘用我。無論如何，就算是試用也是應該要給薪水的，不是嗎？

當時我父親早已退休，我是必須負責養家活口的，幾個月沒有領到薪水眞的急死人，我心裡又很沒有信心，耽心是不是公司方面覺得我做的很不好……。我始終記得當我後來領到幾個月疊在一起的薪水時，主管的表情：「公司一下子發給妳『這麼多』錢，妳很感恩吧！」是不錯，不過，等了這麼久，我細胞都死了好幾百萬個了。

有些人主管做久了，忘記他也是領人家薪水的「勞方」，不知不覺變成了「資方」；不知這位主管有沒有想過，過去的幾個月，我家的米缸是怎麼塡滿的？

後面這節經文記的那個環境提醒我們，會去做工的人，經濟多是不寬裕的，他們沒有存糧，每天日出而作就是等著這一日所得來照顧家庭，如果沒有領到，他一整天的心思都會不安，擔心今天妻兒家人是不是會有錢買糧食，如果心裡一直有這樣的掛慮，對工作效率是很有影響的，因此《聖經》的教導是先給他工資，不要到日落才給，意思是不要等到隔日，那就是僱主欠了僱工。

更有甚者，如果僱工因為心裡不安、不平、不爽，將這事放在他的禱告中，耶和華要處理起來，是不是就要怪罪你呢？因為你的不夠體貼或者太小器，給人不方便、增添別人生活的困難，這帳就要記在你頭上的——所以，這是得罪人也得罪神的事。

當然，我想，這裡指的，不單單只是遲發薪水、工價的事，而是提醒我們，與人互動時，要盡可能站在別人、特別是資源不及我們的人的立場思考事情，給他方便、也讓他心安，讓他別無後顧之憂地與我們相處；先一步考慮到他們的需要，為他們預備，尤其是窮乏之人，別無奧援，不可以再摳他；要為對方多留一步退路。

延伸來看，「理從是處留三分、話到嘴邊留半句」也是很類似的思維，即便自認是合情合理，但是當我們試著「穿上了別人的鞋子」時，或許也會發現原來對方也不是全無道理，他也需要一些空間去消化自己行為所造成的後果。當然，我想這裡是指不涉及道德的事，有見仁見智的空間，這空間就是我們可以為他人預留地步的地方。

在日常生活中、與人互動時，我是否記住神的教導：要常常思及別人的方便和需要，要體貼窮乏之人？在神的愛裡多走一步。

要當日給他工價，不可等到日落，因為他窮苦、把心放在工價上，恐怕他因你求告耶和華，罪便歸你了。

——〈申命記〉24章15節

分享與討論：

一、有時我們會覺得人生的一切是「計較來的」，也就是說你不小心翼翼計算，就會吃虧了，所以該給的時候盡量拖欠、想得的時候全力催促；如此處心積慮地過日子，或許可以賺取中間的「時間差」、「利差」，不過可能也要耗掉可觀的精神和人際資本，一來一往，賺賠難定。

二、請分享一個你曾經「提前一步」看見他人需要、並提早給予協助的經驗，或者，你曾經受過他人如此待遇的經驗。

36 生命的價值

默想：跟女兒一起看電影台，放映的是〈搶救雷恩大兵〉（Saving Private Ryan），雖然多年前就看過了，不過，因為女兒看這電影時有很多問題，索性我就坐下來陪她一起。

最簡單、也是片中被指派要去搶救雷恩的軍人提出的問題是：爲什麼只爲搶救一個雷恩，就需要讓八名同袍出生入死？如果雷恩的生命很有價值，難道那八個人就沒有嗎？如果雷恩大兵的老媽很可憐，那麼其他八名士兵（包括湯姆．漢克飾演的米勒上尉）的媽媽，就不可憐嗎？

多年前看這部電影時，對這樣的問題也很困惑，當時只覺得這部電影談的是「人道」吧，雖然也有不少人批評這樣的人道是「褊狹的人道」，但我仍然覺得，〈搶救雷恩大兵〉顛覆了傳統戰爭片，談的不是戰爭的勝利，而是生命的價值。

說到生命的價值，這回看這部電影，其實很快就想到了一點過去不曾想過的：「你們中間誰有一百隻羊失去一隻，不把這九十九隻撇在曠野、去找那失去的羊，直到找著

呢？」（〈路加福音〉15章4節）

或許你會說，難道那一隻羊比九十九隻羊更有價值？爲什麼牧羊人放著那九十九隻不管，卻只去救那一隻，這麼做，「投資報酬率划算嗎？」首先是，我想，關乎生命的事，並不是從所謂「投資報酬率」做考量的，重點不是九十九比一或者八比一，值不值得，而是生命是否在救恩裡。已經在羊圈裡的羊，就好像是浪子比喻裡的哥哥，從未被忽視，只是他早已在父親愛與照顧下，安適生活；父親的一切，本來就是他的。

看過這樣的一個故事。一位叫瑪莉．賓妮的女孩寫信給《芝加哥論壇報》，問了一個問題，爲什麼她幫媽媽把烤好的甜餅送到餐桌上，媽媽只誇她一句「好孩子」；可是，媽媽卻把這個甜餅給只知搗蛋的弟弟戴維，上帝眞的是公平的嗎？上帝是不是遺忘了溫順乖巧的好孩子、只重視那些「迷失」的壞孩子？

席勒．庫斯特博士接到了這個問題也不知怎樣回答。某次，他參加了一個婚禮，婚禮中，新娘和新郎可能太緊張，在互贈戒指時，兩人把戒指戴在了對方的右手上。牧師笑笑提醒：「右手已經夠完美的了，我想你們最好還是用它來裝扮左手吧。」

庫斯特突然領悟到：「原來是因爲右手已經很好，所以沒有必要把飾物戴在右手上。那些有道德的人本身已經非常完美了；上帝並沒有忽略他們，只是把比較多的精神放在那些問題多的人身上。」上帝讓右手成爲右手，就是對右手最高的獎賞；庫斯特回答賓妮：「上帝讓你成爲好孩子，就是對你的最高獎賞。」

再者，老實說，在人生旅途上，我們在不同的境遇下，都有可能是「雷恩大兵」：「我們都如羊走迷、各人偏行己路，耶和華使我們眾人的罪孽都加在祂身上。」（〈以賽亞書〉53章6節）有些人在工作上是需要被搶救的雷恩大兵，因爲他在工作上失去了自己；有的人在愛情上是雷恩大兵；有的人在金錢上是雷恩大兵；有的人在功課上是雷恩大兵……我們永遠不要以爲「搶救」這件事與我無關、永遠不要以爲自己只是被派去犧牲、搶救別人的人，在你軟弱、迷失的時候，上帝也曾派遣過一支「特勤小組」來搶救你，你知道嗎？

我不知道這番分享是否能夠說服女兒，不過，最起碼，較之多年前看這部電影，我已有了些不同的體會，特別是當米勒上尉死去前，對雷恩的提醒：「好好活下去，要讓我的犧牲值得。」這讓我想到，我的生命是神重價贖回的，而我是否活得不負耶穌的犧牲呢？

> 我另外有羊，不是這圈裡的，我必須領他們來，他們也要聽我的聲音，並且要合成一群，歸一個牧人了。
>
> ——〈約翰福音〉10章16節

分享與討論：

一、當我們有機會扮演「搶救者」時，常忍不住抱怨，他是誰啊，我們幹嘛要替他收拾善後、幹嘛當救火隊？當我們是「雷恩大兵」時，我們卻常常看不見別人為了營救我們所付出的心力和資源。

二、請分享一個你曾經是被搶救的那個「雷恩大兵」的經歷。

37 忙或不忙在於心境

默想：秋天來了，上政大後山時，一山落葉隨風飄下，儘管山路上人聲、笑語時時傳來，秋來蕭瑟之感，仍然濃厚。

秋天，一如人到中年。

我在山上偶遇某位好友的女友，兩人一陣寒暄後離去，我並未放在心上。未幾，好友打電話來詢問：「聽說你在政大山上碰到某某某？」是，「你對她印象怎樣？」沒仔細看人，我在爬山；「說啦，說啦，你覺得她有沒有變？」拗不過好友再三詢問，我只好把自己在一剎那間的印象說出來：「我覺得……她變胖也變老很多。」

「變胖又變老！」好友在電話那頭驚呼。我一說出口就後悔了，我真該忍住不說的。好友說：「我要去告訴她，你都變胖又變老了，還在ㄍㄧㄥ什麼！」我知道好友的心結。十一年來，他苦等一個承諾未得，如今竟只能寄望於「你也老了，跩什麼！」

我無意在好友這樣的心態裡湊一腳，只好趕緊提醒他，變胖又變老，「其實我們也一樣。」

坐公車時碰到一位大學社團的學長，只見他對我定了定神才說道：「真的是你！我在路邊看了半天不敢相認，哇，你變好多，胖得認不出來。」乍然相逢的喜悅竟受他這一盆冷水直直澆來！我心想：「好傢伙，可被你『制敵機先』了。」因爲我看他，也同樣覺得「整個人像吹氣球」，我想，我們只是「彼此，彼此」啊。

生命，的確一直在變動中，地球每自轉一次，我就變老一天，而我不能要求地球你停止轉動，或者快轉、慢轉——今天太美好了，時光你可否爲我駐足；今天，太受傷了，記憶你可否自行刪除？都不能，無論是怎樣的日子，實質上，時間依然以同樣的速度前進。

上帝來到我生命時，人生已近秋天；我感覺到有一個很大的改變是我對時間的感受。從前，我一直是個覺得時間不夠用的人，有時碰到別人問我，忙不忙，我總是反射性地回答，忙啊，忙死了；信耶穌之後，卻覺得生活好像變得不忙了，心境總有餘暇。不久前，有一天在報社偶遇老闆，老闆隨口問我：「最近忙不忙？」我竟回答：「不會很忙。」只見老闆一臉訝異地說：「怎麼可以這樣！應該要忙一點。」老闆碰到員工告訴他工作不忙，氣氛當場有點小尷尬。

不忙。我說的是心境，並非描述工作狀況。

一個人可以事情很多但依然不忙。這是我的體會，也是我的一種練習；我漸漸理解，所謂的「安息」並非只是作六休一之後的那一天，而是因爲有上帝同在，心裡全然交託之後，一種放心安心的釋放。與神同行，天天安息。

也因此，對於因著歲月而來的種種形貌變化，我也將之放在時間的抽屜裡，這是上帝的事，而我的事是：「他們年老的時候仍要結果子，要滿了汁漿而常發青。」〈詩篇〉92篇14節）我要怎麼樣跟好友說：「不要再ㄍㄧㄥ了的人，是你不是她！」——爲君持酒勸斜陽，且向花間留晚照；再慢一點，再不忙一點，更自在一點。

你們卻說：不然，我們要騎馬奔走。所以你們必然奔走；又說：我們要騎飛快的牲口。所以追趕你們的，也必飛快。

——〈以賽亞書〉30章16節

分享與討論：

一、要找到一個「不忙」的人可能很難，在這個「十倍速時代」，沒有人敢讓自己慢下來，沒有人敢讓自己不忙。但靜下心來想想，為什麼日理萬機的大人物們還有時間運動、行程表排得滿滿的企業老闆還有時間天天靈修？我曾訪問過上市公司永光化學總經理陳偉望，他說每晚一定為孩子講故事，因為他覺得這件事很重要，所以就會找出時間來做。

二、請分享你要怎麼做好讓自己不再那麼忙碌。

38 活得有滋味

默想：在一些例行的工作之外，我在報社另負責編輯一分「熟年周報」，主要是因為考慮到台灣已進入了高齡化社會（按聯合國標準，一國六十五歲以上人口佔百分之七以上即定義為高齡化社會，台灣目前是百分之九．七），因此需要對高齡的各種社會現象和需求，提供資訊。

因爲編輯這個周報的關係，我接觸到各式各樣的長輩、高齡者，有身體非常健康硬朗的，如一位九十六歲的老太太還參加鐵人三項比賽，每天揹五公斤的白米練習負重競走；也有健康情況不好的，如不久前採訪的百歲神父，長期罹癌；有人生一帆風順的，也有一生吃盡苦頭的……。不論人生遭遇過些什麼，這些老人家的老年生命都呈現出一種讓人嚮往、尊敬的光景，就是活得滋味無窮，很有目標。

我曾經跟朋友討論過，爲什麼這些老人都這麼有「活力」（這裡說的活力不只是指身體上，更是指精神的）、活得這麼愉快？有朋友說，他們有老伴，到了老年還有伴侶陪在身旁，確實是很棒的狀況，像《無米樂》裡的崑濱伯和崑濱嫂，兩人之間那種高默契的相知，就讓人很羨慕，連拌嘴都給人十分溫馨逗趣的感覺；不過，也並非全部的老人都能有這種幸運。

或者是有「老本」，生活富裕？當然也不是，在南部很多「後農耕時代」的老人，經濟狀況普遍不佳；在一些慈善團體做志工的老人，手邊其實都很不寬裕，八十多歲的老人家帶個簡單的小便當，一天換三趟公車到基金會做志工，卻也樂在其中……

這些老人有貧有富、有的健康有的生病、有的有家人陪伴、有的獨自一人生活，景況多有不同，但都有個共同的狀況：他們都是快樂的老人。而他們之所以能夠快樂、滿足地生活，根據我的觀察，最重要的理由是他們的眼目注意的是「別人的需求」，而非「我的問題」，他們一直在想著怎樣可以為人付出，因為都在想「自己可以做什麼」，這些銀髮（無髮）長輩們很少煩惱「自己有什麼」。

像那位九十六歲的老太太，老伴過世、兒女全在國外，一個人獨居台東教英文維生，台東是教育資源不多的地方，她說：「很多孩子英文程度很差，我得要用點辦法。」我採訪她時，老太太還跟我來一段英文會話，因為她說：「讓我聽聽你的發音行是不行！」非常熱情又有趣。老人家還提醒我：「年紀不小囉，要懂得保養身體、要多運動！」聽一位整整比我年長半個世紀的老人家說我年紀不小了，實在是非常奇特的經驗。

人老了，再怎麼說，身體、精神、生活，多多少少有些不便、不理想的狀態，我採訪的這些老人家不是個個都神清氣朗，好幾個其實身體健康也不怎麼好，但整體而言，他們的生命品質都很美好。

我自己也已進入中年，很幸運地，因爲編輯這個周報，我有機會認識許多精采的老人家，我感謝上帝不斷藉著這些老人家提醒我，要開始學習爲自己的老年生活做預備；我向神禱告，餘生或長或短，深願與神同行、服事上帝直至終了。

「神啊，我到年老髮白的時候，求你不要離棄我！等我將你的能力指示下代，將你的大能指示後世的人」〈詩篇〉71篇18節），活到老，傳神到老。

他不多思念自己一生的年日，因為神應他的心使他喜樂。

——〈傳道書〉5章20節

分享與討論：

一、人都怕老怕死，想盡辦法抗老，用運動、用保養品，努力打造強壯美好的外型，不過，最困難的還是「人老心不老」，不是不服老，也不是不知老之將至，而是不被年齡、歲月、不被自己的欲望得失給捆綁住，始終有一分寬闊知足的心；所謂「忘我」，正是最佳防老利器啊。

二、請分享一個你覺得很棒的老人家的生命故事。

39 不虛度人生

默想：有個朋友常常懶洋洋、做什麼事都無精打采的，如果提醒他「振作點」，他會說我的人生快破底了，「我正在等一個V型反轉」，然後，繼續他的漂浪人生；甚至於，因為他認為總有一天，他會奮發向上到一個境界，因此現在混沌也無所謂，日子愈過愈白爛，他說這是「加速趕底」，趕快把這種不順度過，好日子就來了，至於目前嘛，「反正是過渡時期」。

所以，他可以忍耐自己的一事無成，「總有一天我會發」；對自己處理感情的荒唐也不以爲意：「將來我身邊的人，就是分享我榮耀的人，現在的這些，唉，唉，唉，無關緊要的邂逅啦」；他從一個工作流浪到另一個工作，最後決定創業；近六年來，公司沒賺過錢，「沒關係，反正是過渡時期」。

相識二十年來，他的人生始終還停在這個「過渡時期」，每件事、每個人，都是「陪他一段」式的偶遇。因爲父親留給他一筆可觀的遺產，所以即使創業未成，暫時還沒有任何經濟問題，只是他不快樂，甚至於很憂慮，畢竟他還沒有辦法用自己的能力證明他可以創造超過遺產規模的資產，心裡自然難免也會耽心人家會笑他；不過，他一直還在等待人生有所謂的V型反轉，但我常常看到的，卻總是M頭當道。

他每次說在等待人生破底反轉時都非常認眞，我也不能懷疑他的確是很希望人生突圍，但似乎他希望的是「水到渠成」式的破底，而不是自力救濟型的反轉。他說，不是有所謂的「否極泰來」嗎，人生沒有永遠的衰，安迪・沃荷不也說，每個人都有十五分鐘的上場時間（show time），所以，就「等」吧，等人生V型反轉、直衝雲霄的一天。

我還是忍不住向他表達了我的看法：我覺得你不夠努力，不，是太不努力。「六日要勞碌做你一切的工」（出埃及20章9節），神多次提醒我們在世上是要努力工作的，「諸般勤勞都有益處；嘴上多言乃致窮乏」（箴言14章23節），不是坐等人生會自然而然發生變化，所謂天下沒有白吃的午餐，不是嗎？

努力工作，享受與主同工的喜樂。若是看到自己的工作能夠帶給別人祝福，豈不是一件美好的事。我有個朋友開服裝店，主顧客以比較有點年紀的女性爲主，他的店員有時會覺得自己每天賣衣服、賣衣服，實在很無聊，有一次，他跟店員說，你們有沒有注意到，很多客人進店裡的時候，根本不知道自己適合穿什麼樣款式的衣服，特別是那些歐巴桑，初進店時還怯生生的，很不好意思，經過我們幫他們搭配、選到了能讓他們更漂亮的服裝，等離開店的時候，人人信心滿滿、笑得好開懷。他告訴他的員工：「我們不是在賣衣服，我們在幫人找到美和自信」。

我想，那位期待人生可以自行V反轉的朋友，與其坐等人生破底穿頭，不如努力在工作上找到價值，更有動力好好工作，這樣，即使沒有戲劇化的V型反轉，心裡也會踏實的多。

「從施洗約翰的時候到如今，天國是努力進入的，努力的人就得著了。」（〈馬太福音〉11章12節）

勞力的農夫理當先得糧食。

——〈提摩太後書〉2章6節

分享與討論：

一、人是習慣的動物，一種狀態，不管是好的還是不好的，只要習慣了，就很不想改變它；有些人可以放任自己的人生「癱」在那裡，一癱就是好幾年，大約也正是這種習性的關係，只要沒有爛到要命，就是不想動、不想改，然而，在如此「蠶食」之下，往往一耗，人生的菁華歲月，也就虛耗了好多，真是可惜啊。

二、你的人生是否也曾經歷過一段「毫無動力」的時期？你是怎麼樣重新找到力量的呢？

40 得意莫忘失意

默想：有個好友曾生意失敗，賣了房子還債、一無所有，他開始尋求信仰的幫助，聚會很勤，孩子也參加主日學，他和另一半四處傳福音；一方面也努力工作。

他的生意漸入佳境，開始想買房子；他永遠難忘過去被迫賣房子還債的「羞辱」感，覺得周圍的人一定都在恥笑他，連給家人一個溫飽、庇護之所都做不到。因此經濟情況稍見改善後，他心裡想要的，不是普通的房子，他現在看的，全是數千萬元以上的豪宅，「不要跟我介紹幾百萬的房子，」他跟朋友說：「我會認爲你這是看扁我，」他強調：「我現在格局不同了。」

然而，他其實還沒有到這個「境界」。爲了早一天有能力買這樣規模的房子，他只有更拚，給自己訂了一個購屋計畫，完完全全把自己丟進工作裡。過去，工作不順時，他時間比較充裕，常帶著家人孩子遊山玩水，花比較多時間在教會和信仰上。現在，不用說，主日崇拜已看不到他的蹤影，不只他，其實他們一家人都消失了；《銷售聖經》代替了上帝的《聖經》成爲他案頭的常備書，開口閉口，他談的都是生意經。

你不需要神了嗎？他的回答：「我以前跌了那麼大的一跤，現在，你看，還不是靠著自己又爬起來了？」教會、上帝、聖經……對不起，「我的銷售組織是我自己一步一腳印建立起來的」，他只差沒說牧師又不是我的上線，教會對我的銷售網有什麼貢獻？

做爲他的朋友，我欣喜於他的東山再起，當然我願意看到朋友有很好的事業，但若是你問我，我眞的寧願他還是過去的那個他，因爲那時的他是個相對平衡些的人：他的人生有上帝、有家庭、有逐步開展的事業；他與人的關係、與神的關係，都未偏廢；如今，他因爲直銷網建立得非常迅速，有許多下線需要打點、訓練，不要說去教會，他也完全沒有時間顧到家人、小孩；在我們非常難得的聚會裡，他總是在說服在場的其他人趕緊搶搭他的財富大列車，大夥很難有別的話題了。跟他說話，變成是一件很有負擔的事。

他是賺了一點錢、也還清了債務，不過，卻並沒有得到自由，畢竟，比財富成長更快的是欲望——手上了有一塊錢，卻不能享受這一塊錢帶來的滿足和快樂，因爲他心裡在想的是下一百塊錢要怎麼來，「你豈要定睛在虛無的錢財上嗎？因錢財必長翅膀，如鷹向天上飛去」（〈箴言〉23章5節），我們都注意到，這正是他目前的寫照。

從人的角度來說，他的人生曾經經歷過低潮，然而，不知上帝的眼光是如何看待他的那段失意人生？現在的他，財富快速累積，算得上是成功人士了，然而，上帝又是如何評價他此時此刻的風光得意？

人生境遇似乎一如保羅由凱撒利亞啓程去義大利途中所遇，當南風微起，人們就以爲時機正好、忙著開船全速前行，及至遇海難在馬耳他擱淺，經歷上帝的救恩才以保全性命。有時人和上帝的關係也是如此，要經過不知多少次的「上沖下洗、左搓右揉」之後，才能夠明白人生得意、失意皆是短暫遭遇，不變的惟有上帝的愛；終於，甘心順服在上帝的面前。

這時微微起了南風，他們以為得意，就起了錨，貼近克里特行去；不多時，狂風從島上撲下來，那風名叫「友拉革羅」。

——〈使徒行傳〉27章13節

分享與討論：

一、在女兒的婚禮上，台灣首富郭台銘引用了唐朝詩人王昌齡的詩：「閨中少婦不知愁，春日凝妝上翠樓，忽見陌頭陽柳色，悔教夫婿覓封侯。」一方面表達對已逝妻子的歉意，另一方面也勉勵新人不要只知打拚事業，而要多多珍視家庭生活，不然就會有如詩中所敘、其實也是郭台銘自己的那種遺憾——看似得意的人生其實是付上了許多失落為代價換來的。

二、請分享你如何平衡工作和生活？信仰有沒有給你什麼樣的幫助？

第3章 樂在工作

41 敬業

默想：二○○五年的三位《時代雜誌》「風雲人物」，分別是愛爾蘭籍的U2樂團主唱波諾（Bono）和微軟總裁比爾・蓋茲夫婦。《時代雜誌》稱讚他們是「好撒瑪利亞人」；比爾・蓋茲富可敵國，他的慈善基金會一共捐出了七十億美元，澤被多元，這種規模的「好撒瑪利亞人」，一般人當然望塵莫及，至於波諾又做了什麼呢？

波諾插手國際債務。他發現，全球最貧窮落後的國家積欠的外債高達七百億美元，這些債務很多都是窮國獨裁統治者以不平等條件和債權強國簽訂的，本錢滾利息，債務國永遠不可能還清，只能完全受限於債權國的擺佈，特別是國家發展與建設沒有一點自主的可能，可以想像再這樣下去，這些窮國根本永難翻身。波諾決定推動免債運動，給這些窮國「一個重新開始的機會」。

波諾推動這個運動當然遭到極大的阻力，誰會願意放棄債權？特別是，他雖是流行音樂天王，但完全沒有政治人脈，他能理解複雜的國際經濟與債權債務關係嗎？政治人物就譏笑他，「懂唱歌就好了，管什麼國際債務」，擺明不爽波諾「撈過界」。

更何況，目前許多國際債權是掌握在金融機構和軍火商手中，他膽敢涉入，生命、財產都受到威脅，但是他最後成功了，很多富裕國家就算是勉為其難也總算同意豁免全部或者至少部分債務；這個運動現在還在持續進行著，投入的人與機構愈來愈多。

在為減債努力的過程中，所有他遇到的政治人物和國際機構高層都告訴他，如果能夠說服當時即將接任美國財政部長的桑莫斯（Larry Summers），事情成功的機率就很高，因為各國都是以美國的態度馬首是瞻。

但波諾見不到桑莫斯，桑莫斯根本不認識U2；桑莫斯的幕僚中有個年輕女孩是U2歌迷，她向桑莫斯強力遊說：「這個人你一定要見見。」桑莫斯被說服了。

這個世界上有太多事情都是從「一個意念」開始的。波諾說，他根據《聖經》的禧年教誨：「第五十年，你們要當作聖年，在遍地給一切的居民宣告自由，這年必為你們的禧年，各人要歸自己的產業，各歸本家。」（〈利未記〉25章10節）因此拚了命推動這個「大赦免行動——富裕國家免除窮國債務運動」。

一九八八年，U2推出《約書亞樹》（The Joshua Tree），這張以真誠面對信仰追尋得失心情為主題的專輯已列名「搖滾十大經典」，只要是搖滾歌迷大概都不會錯過；專輯中〈上帝之國〉（In God's Country）這首單曲中這麼唱著：「We need new dreams tonight，Desert rose，dreamed I saw a desert rose」（今晚我們需要新的夢想，沙漠玫瑰，我夢見了沙漠玫瑰），沙漠如何可以開出玫瑰？

波諾沒有想過他以流行音樂歌手的身分爲減債奔波有什麼不可以的？他的知名度和影響力正是他實踐《聖經》教導的資產吧。

> 為要成全聖徒、各盡其職、建立基督的身體。
>
> ——〈以弗所書〉4章12節

分享與討論：

一、當我們想做什麼時，不要被「身分」或「身價」所限制；你不要以為自己是個小人物，人微言輕，不會有人重視，說了是白說、做了是白做，所以你不想動；你也不要以為自己是個大人物，動見觀瞻，大家會拿「動機論」來評斷你，說的話、做的事，會被另外賦予不同的解讀，所以你不敢動。當我們要做什麼之前，要想的不是自己，而是衆人，為的是公共的利益，就勇往直前吧，上帝會助你一臂之力。

二、請分享一件你曾經參與過的公衆事務的經驗，例如是辦公室裡的事情，或者是你居住的社區的事。

42 不當的誘惑

默想：有天聽人提及一件事，讓我頗有感觸。

有位姊妹是自由工作者，沒有所謂的上班時間；有天收到一封電子郵件，覺得內容不錯，可惜文章最後有幾段被剪了，於是她回信給發這封信的朋友，請他補寄一次，沒想到不到五分鐘後就收到他的回信，附上了完整的文章。

這位姊妹自責不已，因為現在是那位朋友的上班時間，「我發信給他，告訴他文章不齊，結果讓他立刻放下辦公桌上該做的事寄信給我，我這不是引誘人犯罪嗎？」當下，她決定儆醒並且體貼一些，以後不要在他人上班的時間寄電子郵件，「我是自由業，但我的朋友可不是，他們領老闆薪水，時間和心力，都應該忠心。」

收、寄電子郵件，已經是一件很普通的小事了，大概沒有多少人會認為在辦公室收發個人的電子郵件是不敬業的行為，更難想像，當我們看到一則好文章、一篇好的報導、有趣的圖畫時，立刻按下的「轉寄鍵」，會造成另一次、更多次的「不敬業」……。但仔細想想，這種行為的確是的，除了因為我們用的是辦公室的電腦、系統，更重要的是，在上班的時間裡，我們的時間和心思，理論上，並不屬於我們。

這位姊妹的體會很簡單，就是不要製造讓人犯罪的機會。她盛讚寄來的文章眞好看，但怎麼少了最後一段，朋友收到這樣的電子郵件，這分誇獎會讓他當場飄飄然，因此趕緊放下手邊的事，拚了命也從檔案裡翻出那篇文章來給她補寄上；別忘了，寄出這篇文章的時候，他自己肯定從頭到尾又讀了一遍……。想想看，從翻檔案到閱讀到寄出，因為一句讚美帶給他的虛榮或者「責任感」，浪費了他多少時間？眞是所謂「我不殺伯仁，伯仁卻因我而死」呢。

類似的事在日常生活裡也很常見。就好像後面經文所提的，鑿井後不加蓋，或許是懶惰也或許是疏忽，井主人想，如果有人有牲畜跌進去，那是活該，誰叫他們走路不帶眼睛，但耶和華頒布的律令卻是要井主對所造成的損害負賠償的責任，掉進井裡死掉的牲畜得要井主人自行處理，因此一旦有牲畜掉入，井主人當然要迅速打撈，免得死屍污染了水源、造成附近人飲水中毒，後果更麻煩。

這項律令是個很重要的提醒，因為人與人的關休戚與共，我們的一句話、一個決定或者動作，對自己或者沒什麼大不了，但是很可能會形成對另一個人不當的誘惑、試探，讓他做了不對、不好、不應該的事，一不小心，我們就成了犯罪甚至毀滅的幫兇。

因此，在我們自認是鑿井給人方便的同時，還要想多一點、想深一點，有沒有忘了加蓋；不加蓋，不但水容易被污染，也會置人於險境，不是嗎？

人若敞著井口，或挖井不遮蓋，有牛、或驢掉在裡頭，井主要拿錢賠還本主人；死牲畜要歸自己。

——〈出埃及記〉21章34節

分享與討論：

一、生活中充滿了各式各樣的小誘惑，要養成過聖潔生活的習慣，小地方也不可以忽略，不是有句話說「魔鬼藏在細節」裡嗎？一般提醒都是要人們要注意、不要粗心大意、不要被誘惑，不過，或許另一個問題也很重要，就是我們自己不要成為那個誘惑源，讓人陷入道德與選擇的爭戰裡；人生的修養，要加上這個部分才完整。

二、想想看，你是不是有曾經成為別人壓力或者帶給他人誘惑的經驗。

43 團隊合作

默想：當使徒發現管理飯食這件事已佔去他們太多時間和心力，他們必須趕緊把工件分攤出去；但是別以為管飯食是不重要的低屬靈工作，從使徒們開出的條件：要有名望、聖靈充滿還要有智慧看來，這真是不簡單的任務！先前眾人已因飯食不公的問題有了不小的糾紛，所以使徒要選擇一些可以在不同族群中讓人服氣的人來做這件非常重要而且基本的工作。

當年，公牛明星球員麥可・喬登常常鼓勵皮朋：「你的三分球打得很好，而且，你幾乎兩隻手都有準頭，不像我……」這位NBA的超級巨星謙虛地表示：「我總是比較習慣用右手。」受到喬登的鼓舞，皮朋的表現也逐漸爐火純青，不但在球場上曾經獨得比喬登還高的分數，兩人合作創下的經典畫面，也令球迷津津樂道。

擅長與別人合作的人，可以巧妙地把團隊的優勢化做個人的助力，懂得所謂的借力使力、讓眾志成城的力量成爲自己的依靠，這種人是比較容易接近成功的；而這其中有一個非常重要的關鍵就是要捨得「做球」給別人、讓伙伴成爲主角，而你也能夠分享他的榮耀；給別人秀的機會，其實也造就了自己，因爲，在工作上，我們總是別人的上游或者下游，需要仰賴別人的地方很多。

而在工作或者服事上，能不能打出優異的團體戰，長官、前輩、甚至於團隊裡的「明星」的態度很具關鍵，因爲這關係到能不能鼓勵團隊合作的氣氛與習慣。試想，如果使徒在尋找飯食管理者時，用「這是一個誰都能做的低階工作」的態度，又怎能讓一流好手願意出線呢？當使徒們開出了那樣高的條件，無形中也等於告訴眾人，要尊重並且配合做這份工作的人；主其事者在分配工作時的態度，往往也會影響整個團隊的人怎麼樣去看待不同職位的工作。

有時長官「看不到」那些當別人綠葉的人，在他們眼中，只有紅花才是功臣，然而，在球場上，並非只有進球得分的球員才有機會成爲焦點，最懂得助攻的人、最會抓籃板球的人，甚至最有防守威力的人……各擅勝場，都可以有他的一片天，把每個人的那一片天連接起來，才能夠成就團體更寬廣的天空；而團體的成功也終將榮耀、庇蔭每一個人。

如果要部屬甘心打團體戰，主管就應該實施一套全方位的工作評估準則，讓擁有不同才華的人，都有機會在工作計劃裡，秀出自己獨特的能力，如果永遠只有一個評估的標準，這樣也許可以造就出成單項成績頂尖的明星，但卻很可能會埋沒了其他類型的優秀人才。

同時，獎勵制度應該要能夠讓過程中有所貢獻的人都有被賞識的出頭天機會，並且讓他們得到應得到的榮耀——這就像在跑接力賽時一樣，不能只把冠軍獎盃頒給最後一棒一樣。在職場上，我們經常打的是團體戰；長官，自然應該努力看到這團體戰裡的每一個人。

十二使徒叫眾門徒來，對他們說：「我們撇下神的道去管理飯食，原是不合宜的，所以，主內朋友們，要從你們當中選出七個有名望、受聖靈充滿、又有智慧的人，讓他們來負責這事務；至於我們，我們要專心於禱告和傳道的任務。」

——〈使徒行傳〉6章2—4節

分享與討論：

一、一個快樂的社會是多元的，能夠讓每個人都可以在自己擅長的角色裡耕耘、努力，並且學習與更多人進行分工合作；我們要在乎的不是一個人的絕對位置，而是如何從相對位置裡找到自己的可能與價值。絕對位置談的是競爭、是零和遊戲的排擠；相對位置談的卻是合作，是生命情境的選擇。

二、請談談你的工作和角色、功能，在團隊裡的價值。

44 不要衝過了頭

默想：在我年輕的時候，台北有個很有名的快速沖印連鎖店，本店在忠孝東路附近，叫「銀箭快速沖印」。二十六年前，銀箭的老闆是個才二十五歲的年輕人，率先引進了日本快速沖印的觀念和技術，賺了大錢。在跟我聊天時，他說了自己的故事。

他說，在生意火紅時大舉在中國大陸投資，然而因爲擴張太快、超過自己能力，事業經營陷入危機，再加上自己賺了些錢、少年得志心變野，便有了外遇，婚姻大出狀況，「整個人生亂成一團，」他說。

身爲基督徒的妻子爲先生禱告三年，這位企業家後來也信了主。信主之後，再度面臨一個投資上的抉擇，因爲他所處的產業變化很快，機器設備常常需要汰換，一換就是好幾千萬元的投資，他很難做決定，畢竟沖印業已在萎縮。在經過禱告後，他把本來的十五家店縮減爲五家，並且決定讓五家共用設備，不再添購，因爲也不想跟銀行貸款，「我在信仰裡受到的教導是不要負債經營，」這是他的體會。

但做這樣的決定是很痛苦的，因爲外人看到的是銀箭不行了，竟然減少店數還苦哈哈地不給每家店各添一套設備，用網路傳輸、沖洗的克難方式經營，「很多人覺得我沒出息。」他說，但他心裡很清楚，若不是出於耶和華、沒有走在上帝的心意裡，他在事業上再衝、再拚、再逞強，都是枉然；人不要自己強出頭。

因爲人們拍照習慣改變，開始使用數位相機，致使整個沖印產業快速下滑，許多一路擴張的同業飽受打擊、經營不下去，結束營業、裁員關店，等等；因此，市場上一下子多了好多自動沖印設備。設備業者爲消化這些機器，表明願意在一定的合作條件下，無償提供銀箭使用這些機器，「所以，現在我的每家店都有一套機器可以用了，而且，想都沒有想到，是完全免費的。」

得勝的關鍵、避免落入危險的關鍵是，用神允許的方式走在耶和華的道路上，但我們常常都習慣靠著自己往前，看來神勇、看來積極，卻總是沒有一個好的結局，常常在一種「掛一漏萬」的人生境界裡毫無著力點地困惑遊盪。我看過太多用力過猛的人，在各樣的事情上，都如同拚命三郎地活著；到頭來，「此情可待成追憶，只是當時已枉然」。拚命衝過界線，回頭太難；往往，我們在何處執著，便在何處困惑。

我們要的，不是飛黃騰達，而是豐富的生命；不是一無困頓，而是自由的心靈；不是無風無浪，而是有信心。這樣的人生，只有主能夠應許。

不要讓我們的生命變成一場枉然的搏命演出，不要衝過了頭。在我們所做的一切事上，都要與神同工，沒有耶和華的建造，屋宇坍塌，「巴比倫在列國中何竟變爲荒場？」（〈以賽亞書〉51章41節後）願我手上所作，都在耶和華的旨意之中。

> 若不是耶和華建造房屋，建造的人就枉然勞力；若不是耶和華看守城池，看守的人就枉然儆醒。
>
> ——〈詩篇〉127篇1節

分享與討論：

一、所謂順勢而為，意思是當我們要進行人生比較大的跨步時，要考慮「天時、地利、人和」的條件，有多少能搭配我們的這個偉大計畫？最重要的當然是透過禱告，確實理解上帝的心意，因為神的應許是成就一切的基礎，否則到頭來，終會發現人生汲汲營營不過是在做白工罷了。

二、請分享你人生中是不是曾有「逆勢操作」而成功的例子，過程如何？

45 柳暗花明又一村

默想：這是一位姊妹跟我分享的故事。這位事業成功的姊妹為了有更好的發展，一個人單身赴任到北京工作，幾個月的時間後，心裡卻愈來愈不安，兒子在台灣沒人管、功課也愈來愈差。當時還不是基督徒的她在心情猶疑不定時，隨手翻閱人家送給她的《聖經》，怎麼翻都看到「要以家庭為重」的經文，最後決定辭掉北京的工作回台灣。

因為她已是非常高階的主管，老實說，工作不好找，等閒的職務不會來找她，而且她因家庭因素的關係，是一定非要工作不可的；決定回台灣時，並沒有一個現成的工作在等她，那時她只跟上帝說了一句：「既然是你叫我回來的，你必會幫我解決這個問題」。

朋友告訴她某個非常知名的國際媒體在找台灣公司的「總經理」，她當然去試了，在面試時，台灣方面的負責人說她條件應該符合公司所需，不過，「妳上個工作在北京只待了幾個月，再前一個工作做的時間也很短，看來工作的穩定性不高，這對『總經理』這種高階職位，可能有害，」這位台灣負責人說，她還需要到香港去跟總負責人面試，

「這個老外一定會問妳這個問題，妳自己要想清楚怎麼回答。」

這位姊妹心裡很明白這個問題的確是致命傷，沒有一家國際公司會找一位「跳蚤型」的經營者（雖然她工作的心態不是如此，不過，因緣際會，看起來就是東跳西跳的）。這個時候她已經受洗爲基督徒了，在去香港前，她禱告把這件事交託給上帝，因爲老實說，她也不知道如何回應。

老外老板跟她談得滿愉快，最後一個話題一開口，她有點緊張了。

老外說：「我注意到妳之前的工作經歷……」

她心想：「乖乖，該來的還是來了！」

老外接著說：「妳有非常豐富的工作資歷，還在中國待過，」老外一臉笑容：「正符合我們的需求。」

這位姊妹當場驚訝的說不出話來，當然不是因爲被錄取所以太高興的緣故，而是沒想到讓自己忐忑不安的事成了求職的優勢，「上帝的作爲太奇妙，我沒想到事情竟然是這樣發展的，」她本來只求上帝，最好老外別太注意這一點就好。

上帝處理問題的方式常常並不像我們所想的：繞過去、避開來，而是「單刀直入」，你在哪裡出狀況，上帝就從那裡去解決問題；上帝會將「天時地利人合」重新組合出你想像不到的狀態，然後將困難化作助力，甚至於將咒詛化作祝福。

上帝的法寶之多，超過我們的想像。從個人的事到國家大事，如果我們眞心俯伏在上帝面前禱告，並且眞心順服、將一切交託給神，我們會得到來自天上的平安，因爲我們相信，上帝的心意是美好的，計畫是長程的，作爲是奇妙的。

那種「行到水窮處、柳暗花明又一村」的驚喜，讓我們對上帝只有讚嘆、服氣、感恩。作爲神的兒女，願我們都有這樣的信心：神絕對不會少待尊主爲大的人。

求祂按著祂豐盛的榮耀，藉著祂的靈叫你們心裡的力量剛強起來……神能照著運行在我們心裡的大力，充充足足地成就一切超過我們所求所想的。

——〈以弗所書〉3章16及20節

分享與討論：

一、凱因斯說「天下沒有白吃的午餐」，這句話推而廣之可得到另一句警語「天下沒有白吃的苦頭」，人生所遭遇的一切，都自有其意義，重點是看你如何運用生命的經歷，為自己加分；人生一些不堪的、失敗的經驗，其實蘊藏著成功的密碼，上帝在你最脆弱的地方，埋下強韌的暗樁，「從哪裡跌倒，就從那裡爬起來」，意思正是如此，因為跌倒之處讓你學習謙卑、盡力尋找活下去的辦法，由此，一個新的自己就出現了。

二、請分享一個你曾經經歷的「柳暗花明又一村」的經驗。

46

不在不義上有分

默想：有位企業主管跟我聊天時提到一件事，很有意思，在此和大家分享。

他是個香港人，二十多年前、二十二歲，單槍匹馬去中國談生意。跟他接洽的那家工廠的「國外部經理」很快就同意簽約，但要求他付現金。當時這位香港年輕人剛信主，內心對此交易條件有疑慮，爲什麼要付現金給一個「個人」呢？不是應該開信用狀給對方公司嗎？

但這是一筆利潤豐厚的生意，中國那邊的工廠接單生產，然後香港這邊的公司就可以行銷出去，當時他們的主要客戶是包括台灣在內的華人市場。他掙扎不已，擔心如果對方的這位國外部經理事成之後把現金放入自己口袋怎麼辦？可是訂單如果發不出去，公司後續業務會受很大影響，回香港，他也不知道該如何交待。

他在旅館裡迫切禱告，上帝給了他一句話：「不要在不義的事上有分」，他豁然開朗，決定放棄給這家工廠代工。這表示之後的成衣訂單交貨也會受到影響，公司和台灣客戶這邊都還有得解釋，但耶和華的提醒既然來到，他必須遵行；之後就跟對方說公司可能沒辦法把訂單下給你們。

未幾，對方又來聯絡，說可以用開信用狀的方式下單，而且整個製造費降低了百分三十五。這位香港業務員當場楞住，這筆生意他已完全放棄的，沒想到竟然「死裡復活」，而且條件更好……耶和華所賜的確超過所求所想。

當我聽到這個故事時，我想的是，這個「不在別人不義的事上有分」，不單單是讓這位香港的年輕業務人員逃避了試探，也讓那位中年的中國工廠經理人對自己的工作和人生，有了一個新的認識，也許正是遇到這個年輕人，他才有機會反省並且脫離自己過去習以爲常但錯誤的工作模式；當然，那家可能一直都不清楚旗下員工對外這樣招攬生意的中國公司，也因此受惠了。

「不在不義的事上有分」，對許多基督徒來說，是個很重要的提醒，畢竟，大部分的人不見得會自己主動去做不義的事，不會主動去詐欺、騙人，但卻很可能在有意無意間，給別人在不義的事上助一臂之力，讓做壞事的人更方便、更理直氣壯、更囂張，使得不義的事被掩飾而進行得更多、更廣，這不就等於自己也做了不義的事一樣？

「助紂爲虐」一樣是神所不喜悅的，我們一樣要竭力避免，神說，祂的恩典是夠我們用的（〈哥林多後書〉12章9節），必會爲在此爭戰中堅定站立在神話語之上的兒女，開出一條路來（〈哥多林前書〉10章13節）。

「不義之財毫無益處」〈箴言〉10章2節），因爲人若賺得全世界，卻失掉生命，又有什麼益處？與神斷了關係就是失掉生命。「不能過下去的生活；誰來拉住我；人是風中的陀螺；轉不完的困惑；失去聯絡，失去聯絡……」這是我很喜歡的歌手薛岳的歌〈失去聯絡〉的歌詞，在我看來，在不義的事情上有分，會形成惡性循環、難以脫身，與神，就如同失去了聯絡，景況是非常悲慘的。

也不要將你們的肢體獻給罪作不義的器具。

——〈馬太福音〉6章13節

分享與討論：

一、美國波士頓「猶太人大屠殺紀念碑」上刻有馬丁·尼莫拉牧師的一段著名的銘文：

「他們先是來抓共產黨，我沒有說話，因爲我不是共產黨。他們接著來抓猶太人，我沒有說話，因爲我不是猶太人。他們又來抓工會會員，我沒有說話，因爲我不是工會會員。他們再來抓天主教徒，我沒有說話，因爲我是新教教徒。他們最後來抓我，這時已沒有人還被留著給我說話了。」

馬丁．尼莫拉牧師早期還曾作過反猶的佈道，他在希特勒一再犯罪時都「不說話」，最後他自己也被關入了希特勒的集中營。

好人沉默，常常就是惡人膽大妄為的最大利器。

二、請分享你是否曾經有過「不助漲惡事泛濫」之類的經驗。

47 重視商譽

默想：有個在南科經營一家企業的弟兄，前次創業失敗，那次失敗後，他努力兼差、多賺些錢，花了四年的時間，把股東出的資金一一賠還，股東對他這個負責的態度非常感動，畢竟當時的投資經過了個人的評估，事業做不成，多半也只能「認賠了事」的，沒想到他願意一一償還，這是超過一般商業經營的要求了。

這位弟兄則說，作為一個基督徒，本來就應該擁有比一般行為準則更高的標準，如果只是照世俗標準而行，何能之有？甚至做的還比一般非基督徒更低，就羞辱主名了，因為沒有活出耶穌的教導。

他提到這段還債經歷時，雖是雲淡風輕，但我能夠感到他那段時間的「拚」，為了還債（其實嚴格說起來不能說是債，俗話說「願賭服輸」，投資本來就有風險，他對其他股東並沒有這樣的義務，不過，他一直都以「債務」來看待，也因此，不允許自己相欠），他那段時間賣命工作，終於還清。

其中有位出比較多錢的大股東受他誠意所感，不要他還錢，而鼓勵他再開一家新公司，並將前次的股金轉為新投資公司的資本，就這樣，這位弟兄又開了一家新公司。

這家公司經營得很好，「很多產品方向還是客戶自己提出來的，我們自己本來並沒有想到，」他感謝上帝的保守與祝福，使公司的經營愈來愈上手。

成功的事業當然是出自於神的祝福，但我也相信，這位弟兄之前對待股東的態度必然在同業間引起注意。我想，一定有人因為他這種誠信負責的態度而願意跟他合作，因為這種行事風格讓人信賴；在不知不覺中，他已為自己累積了做生意最珍貴的「商譽」。

在神的教導下，我們以較高的標準行事，短期來看比較不便、或者限制較多，但是養成這樣的習慣，卻是一種很好的鍛鍊。一如練輕功的人，一開始總是要在腳上綁上沈重的鉛塊，久而久之，腳習慣了這樣的重量，一旦取走鉛塊，整個人便有身輕如燕之感，輕功也比較容易練成。

我並不是說，神會給我們過重的、不合理的負擔，一如這位弟兄在還債這件事情上的體會是神的恩典夠用的（〈哥林多後書〉12章9節前），上帝如果設下了一個行事標準，我們願意去遵行，神就一定會為我們開出一條路來，額外的祝福則是我們會在世間的遊戲規則裡擁有更寬闊的發展空間。

這位弟兄二次創業的經營跟前家不同的是，「每做一個決策前都會禱告求問神，」

前次創業，公司業績很好，但現金流量卻嚴重不足，造成所謂的「黑字倒閉」，也就是帳面上有盈餘，但公司卻周轉不靈。其中部分原因就是來自於搶接了一些不良業績，生意做到了，但利潤不足或者根本收不到錢。

人憑著自己的能力，常常會「過動」、衝刺得太快，做的愈多，得到的，卻更少，這個時候我們可能要自問：「這眞的是上帝要我們做的嗎、上帝要我們這樣衝嗎？」

因爲禱告，他做生意的節奏更趨於合理，業績也更平穩。

你父在暗中察看，必然報答你。

——〈馬太福音〉6章18節

分享與討論：

一、用一個更高的標準來要求自己，這種做人做事的態度看似食古不化，或者，給自己找麻煩，但其實可以給自己擋掉很多麻煩和試探。辦公室裡常有同事會互相拷片子、拷CD，「呷好道相報」，起先大家也會問要不要順便拷一片給我，自從我清楚表明不用盜版的東西後，再也沒有人問我了，所以，我根本不必掙扎，非常輕省。

二、請分享是否曾經以超過一般世俗標準的方式來待人接物，結果如何？

48 治本之道

默想：有位弟兄開了一家電子科技公司，為台灣某上市的系統業者代工，很不幸的是，碰到這家公司內部有派系鬥爭，當時佔上風的那一派想把生意給另一家跟他們關係比較好的公司做，結果這位弟兄的工廠生產的貨品竟然硬生生被堆在港口，大公司不肯來取貨。

大批貨被卡著，當然有資金積壓的問題，他一個小公司一時半刻也很難跟這麼大的企業討回公道。他心裡有個感動，要爲「反對自己的人」禱告。他的想法很簡單，那家大公司自己內部有這麼大的人事鬥爭問題，想必其經營也有不穩之處，因此影響所及，已不只是自己公司貨出不了而已。

經歷一場派系大鬥爭，幾個月後，大公司進行了一次全面的經營大換血，勝出的那一派比較重視經營道德和倫理，因此在選擇代工工廠時不是看暗盤交易，也不是完全只比價格誰低，而會看代工品質。

這樣一來，這位弟兄就放心了，因爲他最怕的是這家上市公司的承辦單位會跟代工者要求一些有的、沒的，「我沒有辦法配合給回扣，」他強調。目前看來出貨應是指日可待；更讓他感到安慰的是，這家大企業經歷內部改革，氣象一新，其實長遠來看，對彼此的往來更好。

這次的扣貨事件，固然讓這家代工的工廠受到耽延，不過，也因此讓這家大企業內部傾軋、鬥爭的問題表面化，從某個角度來說，也迫使這家大企業不得不面對這個問題。

在這個事件中，這位弟兄說，他也有個特別的經歷，就是禱告時，並不僅只是以自己的需求出發，而是站在對方的角度、爲那帶給他難關的人禱告，最終他看到，有時，上帝要解決的是一個更大的、系統性的問題；當我們能以超越自己問題與狀況的心出發去禱告時，可能上帝也讓我們看見不同規模的生命圖畫。

甚至於，上帝可以藉著我們的禱告去翻轉另一個人、另一群人、另一家公司，讓別人的生命產生「質變」，進而帶動了「量變」。這位弟兄在自己的資金周轉因貨出不去時禱告向神呼求，但聖靈給了他的啓示是爲這家爲難他的企業禱告，求神賜給這家公司有正直的心與道德意識的經營者。他後來才了解，這才是解決他問題的治本之道。

雅比斯禱告求上帝擴張他的境界（〈歷代志．上〉4章10節），這樣的禱告究竟是怎樣的禱告？什麼是擴張境界呢？我在今天與這位弟兄的談話中，得到了很好的啓發：當我們爲著自己的問題求告上帝時，聖靈可能會給我們不同的感動，甚至於要爲那造成我們困難的人禱告；在這樣的禱告的過程中，上帝讓我們看到了問題的根源。

當你爲那虧負於你的禱告，懇求神解決他的困境，如此，你的問題也就得到了解決。有人借了某位姊妹的錢未還，造成她經濟吃緊，她禱告求上帝幫助這位債務人找到工作、生活更順利一點；求上帝的祝福與恩典臨到他。

畢竟，落魄的債務人，永遠也沒有能力還錢。

逼迫你們的，要給他們祝福；只要祝福，不可咒詛。

——〈羅馬書〉12章14節

分享與討論：

一、在人生的上下游關係裡，任何人都很難獨善其身，而會互有影響；對方不好，我們也很難有光明的前途，一方面是因為，當我們心有怨恨時，自己的身心健康都會受影響，有時判斷也會失去理性和準頭，做了錯誤的決定，對自己不利；另一方面，對方知道你對他所懷的心思意念，或許也會想辦法讓你不好過，如此冤冤相報，我們還有什麼力氣去做增進福祉的事？所以，做人還是應該廣結善緣，努力扭轉負面循環的關係為正面扶持。

二、請分享你是否有為仇敵（討厭的人）禱告或者祝福的經驗，結果如何呢？

49 成功不是理所當然

默想：今天碰到一位做老板的姊妹，她說起自己經營事業的心路歷程。她在十年前投入LCD這個產業時，因為供不應求，因此公司獲利很高，也使得她非常驕傲、自我中心（這位姊妹雖已四十好幾，但仍然看來非常年輕漂亮，從某個角度來說，真是得天獨厚啊，生得聰明又美麗，事業還經營得嚇嚇叫）。

她說，當時她的想法是：如果我做的不對，公司怎麼會賺錢？所以我一定是對的。她沒有理解到，那些年頭公司賺錢是因爲整個產業處於一個上昇的趨勢中，她不需要做太多就會有不錯的成績。

後來投入LCD這個產業的業者愈來愈多，供需關係漸漸發生變化，公司的經營成績也不再如從前般順利，這個時候，她才開始有機會去思索：過去的成功眞的是因爲自己是「天縱英明」？還是……有其他的理由？

因爲公司不再像以前那樣「怎麼做怎麼賺」，她才體會到原來成功不是理所當然的、不是自己一個人的功勞，而是有很多周遭人共同的投入，其中，她感觸最深的是員工對公司有很大的貢獻，但她以前居然都沒有感覺。身爲公司老闆，從前有員工辭職時，她從未挽留也從未關心過員工爲何要走，因爲她覺得這些員工、部屬根本不重要，反正公司賺錢靠的也不是員工們，而是她自己。

可是自上帝翻轉她的想法後，當再有員工提出辭呈，她會花很多時間去了解別人爲什麼要離開。從這些談話的過程中，她慢慢了解員工心裡在想什麼，也才發現，原來每張辦公桌上面，都坐著一個「有故事的人」，每個人的生命裡都有動人的起承轉合，有甜也有苦。創業十年，她第一次明白，自己是跟一群有血有肉的「人」一起工作。

有同事因爲小孩陷入卡債，無法解決，上班時常常魂不守舍，這位老板姊妹看他壓力好像很大，和他長談、誠心地詢問員工需不需要再找幫手來暫時分擔一下工作。結果這名員工自己覺得不好意思，爾後上班時反而盡可能學習專心，不把自己的事帶到職場裡，免得影響工作進度。

這位姊妹老板說，她的原意是要幫助這位員工，畢竟誰都會低潮，度過了就好了，但沒想因爲老板的體貼反而激發了員工的敬業心，工作更加努力。這位姊妹說自己從前靠霸氣管理，現在可以和員工搏感情，因爲她已經理解到：「成功不是因爲我」。

還有一點很重要，她在員工面前彰顯主名，讓全公司的人都看到、感受到老板的敬虔。她認爲，不論員工有沒有同樣的信仰，老板這樣的行事作爲給他們很大的信心和安全感，因爲他們知道老板既是有信仰的人，就會做一個體恤、正派的經營者，不會苛待員工、不會取巧走邪門外道，這讓員工更相信，這家公司是值得待下去的；她公司的員工向心力更強了。

我在這位姊妹的身上看見一件奇妙的定律：當我們的生命中有神時，我們的生命也才有了「人」；許多目中無人的人，是因爲他們根本目中無神。

萬軍之耶和華說：「不是倚靠勢力、不是倚靠才能，乃是倚靠我的靈方能成事。」

——〈撒迦利亞書〉4章6節後

分享與討論：

一、所謂「舉頭三尺有神明」，意思不是要我們活得疑神疑鬼，也不是要我們被道德的壓力壓得無法喘息，神的存在是一個慈愛的提醒，提醒我們，人生是一段與神同行的經歷，上帝隨時隨處都陪伴著我們，絕不撇棄；因此我們要學習得意不至於忘形，失意也不到絕望的境地，因為我們知道，人生的一切無非都是上帝的恩典，都有神的心意。

二、請分享你是透過什麼樣的經驗，看見上帝與你同行？

50 A⁺級的領導人

默想：摩西帶領百姓走過曠野，四十年流浪的日子接近尾聲、迦南地就在眼前了，耶和華卻在這時要摩西交棒。摩西既未埋怨上帝為什麼不讓他完成這最後的一段路程，好教他親自參與那光榮的勝利，也並未對新的領導人約書亞藏私，他只願上帝的使命得以完成、只願以色列人順利進入耶和華的應許之地，至於進入迦南地時，自己還是不是以色列民的領導人，則並不要緊。

摩西在自己還有足夠的影響力、約書亞還沒有成氣候的時候，處處提攜他、幫助他、給他機會。在出埃及的第一場爭戰中，摩西派約書亞迎戰亞瑪力人，摩西自己則不斷爲約書亞禱告（〈出埃及記〉17章8～16節）；許多重要的場合，摩西也都帶著約書亞同行（〈出埃及記〉24章12節、33章11節），這既是使命的傳承，也是約書亞的「實習之旅」。

摩西讓約書亞親自見證了耶和華施行大能與神蹟奇事的關鍵時刻，強化他的信心；摩西也盡全力在以色列百姓前爲約書亞「掛保證」，讓百姓對這位將來的領袖更有信心、更順服；並讓約書亞早早開始預備自己，把異象與責任放在他心裡，有朝一日，他要成爲新的領導人。

《從A到A+》一書裡提到了第四級（A級領導人）和第五級領導人（A+級領導人）的差別：第四級領導人經營績效優秀，卻無法讓公司達到卓越，因爲他們沒有能力（甚至是不願意）拔擢能力比他強的人擔任繼任者，他們要的是所有的光采都停留在自己的身上；第五級領導人看重的則是企業能否「基業長存」、看重的是公司的使命而不是自己的任期。

書中特別以有「反敗爲勝英雄」美譽的前克萊勒汽車執行長艾科克爲例說，艾科卡非常愛出風頭，是媒體寵兒，天天登上新聞版面，但「悲哀的是，艾科卡遲遲不肯放下執行長的權杖、不肯離開舞台中心，屢次延後退休……」（第七十頁）艾科卡沒有培育出一個更好的接班人，克萊斯勒反敗爲勝的輝煌戰果並未持久，只是曇花一現，後來整個被德國大車商戴姆勒—朋馳（Daimler-Benz）給併購了。

關於「領導」，我最欣賞的一個解釋是《僕人——修道院的領導啓示錄》一書作者詹姆士．杭特說的：「領導力就是影響力，一種讓人願意全心投入、充分發揮自己所長的影響力」；一位演員形容導演李安總是有辦法「讓人迫不及待想要全力以赴」，說的就是這樣的正面影響力。

摩西從不擔心自己的權力受到侵蝕，從不吝嗇給約書亞學習的機會——他知道眞正重要的事是上帝的應許得以成就，而不是自己的權力是否貫徹。放下權力、擺上自己，願我們在上帝偉大的使命裡有分、盡一份心力，成就神國大業。

摩西召了約書亞來，在以色列眾人眼前對他說，你當剛強壯膽，因為你要和這百姓一同進入耶和華向他們列祖起誓應許所賜之地，你也要使他們承受那地為業；耶和華必在你面前行，祂必與你同在，必不撇下你，也不丟棄你；不要懼怕、也不要驚惶。

——〈申命記〉31章7、8節

分享與討論：

一、生命是一場接力賽，我們每一個人都有一段路要跑，在我們前面有交棒的人，後面有接棒的人，因此，如果我們有機會做領導人，要比較關心的不是被人取而代之的問題，而是有沒有人能夠接續；能讓美好的競賽傳承繼續的領導人，才是最棒的。

二、請分享你跑接力賽或者與衆人合作一起完成某個計畫的經驗。

第二部

與神對話

第4章

聆聽自我

51 獨處，並不孤獨

默想：對大部分的人來說，獨處往往是一個被迫的狀態，甚至帶著負面的意味，這是一個酷愛熱鬧的世界，孤獨以乎成了一種罪惡，一個失敗的人生。年底在台北義計畫區跨年，與四十萬人一起倒數計時、一〇一煙火四射的那一刻，好像所有的孤獨都一掃而空了，然而，這麼美麗的煙火也只有兩分多鐘。

新年的第一時刻，我擠在信義區巨大的人龍裡，每一條街巷都塞滿了人，在看著馬路上焦急著想要「突圍」的人的臉時，我有個感覺，長久以來，自己的生活就是這樣的趕集狀態，總在「塡滿」，卻捨不得「放空」，因爲不理解放空其實是重新遇見自己、遇見上帝的機會。

如果我總是心思紊亂，有一大堆計畫，有說不完的話、做不完的事，在這麼擁擠的行程表裡，我要把上帝塞在哪裡？

在尋求服事方向前，耶穌獨自一人禱告（如所附經文）；在即將被捉拿前，耶穌在客西馬尼園裡獨自禱告（〈馬太福音〉26章36節：「你們坐在這裡，等我到那邊去禱告。」）；在禱告中，耶穌再一次確定自己的使命，也再一次讓自己的心俯伏在上帝的面前。

親愛的上帝，在新的一年裡，我最大的願望是每天都要有一段獨處的時間，噢，不是獨處，而是與上帝相處，像耶穌避開眾人、獨自禱告一樣，那是祂尋求上帝心意、也是找到生命力量的時刻。

耶穌需要抽身與獨處，我更需要。獨處時的靜默不是無所事事，而是讓出生命給上帝，舞台上的中心是上帝，我謙卑、安靜、切慕、等候，並且經歷上帝真真實實的同在；那是比四十萬人一起倒數計時，更龐大的同在；那是不會讓人在事後反而落入栖栖惶惶狀態的同在。

獨處，並不孤獨；靜默，並不沉寂。

> 次日早晨，天未亮的時候，耶穌起來到曠野地方去，在那裡禱告。
>
> ——〈馬可福音〉1章35節

分享與討論：

一、雖然打開行程和通訊錄，每個人都很忙碌，也往往是「相識滿天下」，但我們有時還是必須「獨處」，畢竟再相親相愛的人，都不可能二十四小時相伴，我們總有得面對自己一個人的時候；然而，對一個有信仰的人來說，獨處卻不只是「面對自己」，而是去除掉了人際紛擾後，單單與神對話的敬虔時刻，那流動的豐富，雋永珍貴，讓人感到無比的幸福。

二、請談談你是不是很害怕獨處，為什麼？

52 珍惜用餐時間

默想：很多信仰的動作久而久之，變成一種習慣，其實自己往往已不太被這些「例行」要做的事感動，甚至於有時也只是匆匆帶過，像是一個儀式而已。例如每餐前的謝飯禱告，有時都不曉得自己在禱告什麼，只是唏哩呼嚕地說些公式化的話而已。

曾有很長一段時間，每個星期我固定會有一天和一群朋友一起吃中飯，這些朋友全都不是基督徒，我做謝飯禱告時，他們也都客氣不會先開動，總會等我；禱告時，你知道身邊圍坐一圈不禱告的人無所事事，大概就是盯著禱告的你看，這種感覺滿有壓力的。

有一天，其中有個人在我結束禱告時突然來了這麼一句：「我看妳今天的禱告有比較用心，」所以你的意思是我以前的禱告都不用心？「覺得妳好像是在隨便哼哈兩句而已，」這位朋友雖是閒話一句，卻給我相當的提醒；其實，禱告時是虛應故事還是全神貫注，是很容易分辨的；別人都看得清楚，何況是上帝？

謝飯禱告，一日三次，一年一千多次，如果只因為這是基督徒的一個規矩，不禱告心裡不安，胡亂拼湊，一年一千多次的禱告要說些什麼，還眞是會讓人詞窮呢。

想想，我們跟人相處最多的機會、最能好好說話的時間其實正是在吃飯時。我的想法，飯前的謝飯禱告可以求神保守我們在接下來共同進餐時，能有很好的交談時光，幫助我們有意義地談話，而不只是言不及義的八卦，幫助我們在這難得的時間裡，眞誠的分享彼此的生命與生活，眞正地關懷同席而坐的人。我發現，人們聚餐時，談論的常常是不在場的人，這些人的糗事或者衰事，成為席間熱鬧的話題，被談論的人既不能在場說明、辯解，花很多時間在討論其人其事的我們，又有何益？

透過謝飯禱告，我們不只感謝神豐盛的賜予、潔淨面前的食物，也感謝上帝賜給我們這樣的相聚時光，並且用最珍惜的心情與家人、朋友一起吃飯，透過關懷與祝福，讓每次的相聚都是一次情感的交流與聯繫。

謝飯禱告或許可以不只是感謝神所賜的「食物」，也感謝神賜下可以一起進餐的朋友和家人，以及這麼一段美好的相聚時光；謝謝神讓我們在主裡相聚。

有時有人問我，基督徒吃飯前不禱告會怎樣？老實說，我沒有想過這個問題，不如將這個問題改成：「基督徒吃飯前禱告會怎樣？」我想，每次吃飯，人事時地物，都是上帝的恩典，禱告幫助我在食物面前安靜下來，即使只有短短的一、兩分鐘，也讓自己在這一、兩分鐘裡，學習認識到上帝的供應、認識到祂是怎麼樣豐富的一位神；藉著感謝神，也感謝在此餐飲環節中，每位用心盡力的人。

讓謝飯禱告是與神的聯結，也是與人的聯結；因爲能在此時此地用此一餐，過程是許許多多的愛。

我就稱讚快樂，原來人在日光之下，莫強如吃喝快樂；因為他在日光之下，神賜他一生的年日，要從勞碌中，時常享受所得的。

——〈傳道書〉8章15節

分享與討論：

一、布魯斯．威利和蜜雪兒．菲佛在電影《Kiss 情人》中，演一對久婚疲乏的夫妻，為了拯救家庭，全家一起努力挽回感情；每天吃晚飯時，每個人輪流說今天的「high & low」，分享一天生活點滴；晚餐時光，家人認真補做「感情功課」。台語說，吃飯皇帝大，因為吃飯不只滿足肚腹所需，也讓我們有機會做最自然的情感交流。

二、請分享你們家吃飯時，家人的話題和家庭的氣氛如何。

53 愛與寬容

默想：早上六點，陣陣「孝女白琴」的哭聲傳來，附近不知誰家辦喪事，請來專業的哭調大隊配上超級擴音機強力放送，魔音穿腦、直逼耳膜；雖說本來也到了我該起床的時間，但禮拜天的早晨被這樣吵醒，心情實在好不起來。聽了約莫快半個小時，發現這哭調不大可能在短時間裡結束，就打了電話請分局處理。

後來和鄰居聊天，發現人人早上都被這哭調吵到快瘋掉，但是沒有一個人想到要請警察來處理。「其實他們這麼吵是違法的，」我說：「你們沒發現孝女白琴後來就停了嗎？因爲我打了電話給警察，五分鐘就處理掉了。」一通電話換回方圓十里的安寧，卻也有鄰居不以爲然：「人家家裡辦喪事呀，夠可憐的了，妳幹嘛不讓他唱？」

這世界！好人眞不少。有些人家辦喪事的習俗要一大早起來唱哭調，我無權干涉，但是用擴音機、強迫幾百戶人家在禮拜天一大早陪著哀戚，那是另一回事；對此，老鄰居們無可無不可，表情明顯在說：「算了吧，忍一忍就過去了……。」

這陣子我一直在思考一個問題：什麼是「愛」和「寬容」，特別是在信仰裡，什麼樣的行爲才能夠稱得上是「愛」呢？

耶穌騎著小驢駒進耶路撒冷，眾人都喊著「和撒那、和撒那」，表明祂是一位帶來救贖的、和平的王。然而，耶穌進了神的殿之後，卻一反溫和，把那些在殿裡做買賣的人「趕出」、「推倒」……這是兩個很直接也很強烈，甚至於粗魯的動作。

耶穌的內心雖然溫柔，但祂也有不能容忍的事情，並且，一旦發現不對，祂並未姑息，也並未放縱；耶穌直接對他們發出義怒。主耶穌說：「經上記著說：我的殿必稱爲禱告的殿，你們倒使它成爲賊窩了。」（〈馬太福音〉21章13節）

耶穌告訴這幫在聖殿裡做買賣的人，這裡本當是禱告的殿，但你們這些做買賣的人卻把「交易」與「利益」帶了進來；耶穌發怒之後再教導，祂的心意並非懲罰，而是提醒、要人明白正確的行爲，這是用愛心說誠實話（〈以弗所書〉4章15節）。

基督徒是應當溫柔、應當寬容，但卻不該作「軟腳蝦」，也不可以作「濫好人」，對明顯不符合神旨意的行爲不能放水，否則又怎能彰顯神的公義、正直……呢？許多時候，基督徒會被困在「愛」和「溫柔」之類的陳述裡，不敢對許多明知不對的事表達反對或者強烈的意見、態度，因爲怕被控告說你們基督徒怎麼可以這麼沒有愛心、耐心、寬厚……遇到這樣的責難，不妨想想耶穌的發怒吧！

曾經拿出一億美元現金給員工當年終獎金，因而造成大轟動的金士頓（Kingston Technology）公司華人老闆孫大衛說，在企業經營上，他當好人，但不是濫好人，所謂的好人是別人知道你公平，濫好人是別人根本不怕你，久而久之也就根本不在意你。不發怒的神只會帶來放肆與墮落的人民；對這個世界不敢有任何意見的基督徒，於世界有何益處？

> 耶穌進了神的殿，趕出殿裡一切作買賣的人、推倒兌換銀錢之人的桌子和賣鴿子之人的凳子。
>
> ——〈馬太福音〉21章12節

分享與討論：

一、有信仰的人總讓人有一種「慈眉善目」的感覺，他們應該是EQ好、有修養的那種人，所以對任何事、任何人都應該有無比的耐心，也都應該可以容忍，所以他們應該是社會裡一群沉默的人，是這樣的嗎？事實上，信仰所給予的教誨甚至於訓練，應該讓一個有信仰的人對不對的事、不義的事、不法的事，更敏感、更難以接受，所以更應該挺身而出；信仰者是社會的防腐劑才對吧。

二、你敢發出「正義之怒」嗎？請分享相關的經驗。

54

盡忠職守

默想：我看到一則故事，故事是這樣的：

有家大公司的總裁有天有急事要找某部門的經理，但經理的祕書擋著不讓總裁進門：「經理説這個時候，任何人都不能打擾他。」但總裁實在太急了，推開祕書、直接打開經理的門，結果他看到這經理正雙膝跪在一本《聖經》前，就輕輕説了聲「對不起」，然後走了出來。

這個故事很清楚，說的是「上帝最大」，任何事跟我們與神的交通衝突，就該退居次位。基本上，我肯定這樣的態度，不過，在進一步分享我對這個故事的想法之前，先來說說我自己的經驗。

當年我在《中時晚報》工作時，每天早上八點開第一次編輯會議，九點開完會後，採訪部門的主管就趕緊跟在外面跑新聞的記者聯絡、調度並規畫當日新聞配置，純粹屬於編輯台的工作人員（包括核稿者我）就開始做一些雜事、仔細看報、電視（因爲要了解各媒體的新聞及進度），或者討論新聞。大約十點半，記者稿子會陸續進來；十一點，開第二次編輯會議，確定各個新聞放在何處、做多大。

我在二〇〇三年接觸信仰後，非常熱中於閱讀《聖經》及相關的屬靈讀物，有時就會選擇九點半到十點半之間這段我「自認」沒有大事的時間進行個人靈修。起先是在自己的座位上讀《聖經》，但因我們是在一個很大的辦公室，完全沒有任何隔間，同事走來走去、電視新聞非常大聲，我認爲這樣靈修效果不佳，就到旁邊的小會議室去。

有時同事三、五人要討論新聞，推開會議室的門一看到我在裡面，只好歉聲出去。幾次之後，我覺得這樣的靈修似乎怪怪的，因爲我根本靜不下心來，老是擔心會有同事、長官需用到會議室，怎麼辦？何況，這段時間也很難說完全沒事，同仁間多少會討論新聞進展，有時也會有比較早進來的稿子要看，如果我「躲」進會議室裡，同事、長官找不到人，豈不麻煩？

我跟教會裡的姊妹討論到這事，結果這位資深姊妹跟我說，不可用上班時間靈修，因爲這是公家的時間，這段時間，公司付了你薪水的，不能拿來做自己的事，靈修也不可以。如果要在辦公室靈修，一是提早進來，在上班時間之前進行個人靈修，一是下班後晚點離開（但要注意，如果全公司都下班了，你一個人留在辦公室處理私事，也有浪費公家水電冷氣之嫌），如果利用中間的時間靈修，那就是「竊盜的行爲」，因爲偷了公司的時間。

我覺得這位姊妹說得很對，也深爲自己的行爲慚愧。作爲基督徒，「靈修」確實是每日要做的事，但不應該在上班時間進行，我們應該忠於自己的工作，不可佔老闆的「便宜」；除非老闆自己是基督徒，在辦公室裡就訂有靈修時間，否則拿上班的時間靈修，反而會招致「基督徒怎麼這麼不敬業、摸魚打混」的批評，這不是羞辱上帝的名嗎？

所以回到這位經理與總裁的故事，我不很清楚故事發生的背景，這位經理是例行的靈修還是臨時的禱告、時間是落在上班時間的哪一段，是一般比較忙的時間還是例行公務較清淡的時段、時間有多長……因此我很難評價他要祕書擋駕是對是錯。不過，我只是想提醒，神的兒女，同樣應該盡心盡力做好屬世的工作，甚至要做的更好；不要拿靈修做疏於職守的理由。

「倘若你們在別人的東西上不忠心，誰還把你們自己的東西給你們呢？」（〈路加福音〉16章12節）我要謹記這句提醒。

那時，總長和總督尋找但以理誤國的把柄，為要參他；只是找不著他的錯誤過失，因他忠心辦事，毫無錯誤過失。

——〈但以理書〉6章4節

分享與討論：

一、基督徒的「兩國論」，是指我們一方面是屬神的兒女，是天國的子民，另一方面，我們也活在這個世界裡，是地上國的一員，仍然要遵行一些屬世的生活準則，特別是有關行為、道德方面的規則，地上的職分等，基督徒沒有理由輕忽，例如上班時間摸魚、不盡為人父母、子女該盡的責任、不守法、不繳稅等，都很不好。基督徒逸離一個社會的運作邏輯、變成一個難搞分子，又如何讓世人被自己所信的神說服、吸引呢？

二、你成為基督徒後，有沒有什麼地方與周遭環境格格不入，你又如何調適自己呢？

55

我在這裡

默想：撒母耳回答上帝說：「我在這裡！」多麼簡單乾脆的一句回應。他沒有先問，主你要我做什麼，評估一下自己有沒有興趣、有沒有能力接上帝交辦的事；沒有說主啊，是這樣的，我星期一、三的晚上還可以，其他時間，哦，對不起，我不在；他沒有說，主啊，你要我做什麼，先讓我來個「可行性分析」，再做決定吧；或者說，我知道誰誰誰比較合適，你去找他吧……

是的，他沒有說，有時我在這裡，有時，我不在這裡；當耶和華呼喚，他只說，我主，我在這裡，任何差遣，僕人靜聽。

有時上帝交待的任務「深得我心」，符合我們對自己的期許，有時則不。我們會為自己的服事訂下一些規則，什麼是可以做的，什麼是不可以做的，可以做的。通常落在直接的教會服事上，在一個所有的人都已經很清楚我們是基督徒的情境裡，我們說：「主啊，我在這裡」；不可以做的，則多半在純粹的教會生活之外，很大的挑戰是，欸，那兒，往往也就是上帝要我們獻上的祭壇；而在那樣的環境中仍舊能夠對上帝說：

「我在這裡」，難度高了許多、許多。

上帝的國度卻要在我們獻上的祭壇復興；在教會之外，還有多少未得的靈魂？這些人在願意踏進教會之前，或許就是需要與上帝有個．不．期．而．遇；人的不期而遇，其實在上帝的心意裡，只是祂需要一個觸媒，一個當上帝呼喚時，他會就在他所在的位子上、位分上立刻接聲回應「我在這裡」的人。

王菲有首排行榜上大大 hit（熱門）的歌〈我願意〉，非常好聽：「我願意爲你，我願意爲你忘記我姓名，就算多一秒停留在你懷裡，失去世界也不可惜」，看來是一首標準的情歌，但這歌其實是獻給上帝的。

黃國倫是有名的流行歌曲作者，他曾希望自己不要在此領域工作，那時他想流行音樂也未免太不屬靈了，但上帝始終要他待在這裡、他內在有很大的衝突，便向上帝禱告，如果神祢定意要我留在這裡，請告訴我、我要做什麼歌曲。當下，〈我願意〉的旋律飄然而至。他說這首歌來自上帝、也是爲上帝而作，「流行歌壇就是我的祭壇」。

上帝的差遣是個完美的計畫，萬事俱備只欠東風，也就是我們心悅誠服的一句：「我在這裡」，當我們一開口這樣說，就發現許多配搭的環境條件隨之啓動。爲了上帝要在這個社會的每一處得人、爲了每一處都有人能在神愛的懷抱裡，每一處都要有人說：「我在這裡」。可行性評估在上帝的手中，祂深知我何時事何處能；當上帝呼喚，那必然已是最佳時刻、是最佳地點；因此聽到主的聲音說我可以差遣誰呢？誰肯爲我們去呢，我們二話不必多說：「我在這裡，請差遣我」〈以賽亞書〉6章8節）。

別把上帝設限在「看起來可以傳福音的地方」；祂的異象有時眞的會讓我們大開眼界；別躲開，上帝現在就在呼喚你，可別讓祂找不到。

耶和華呼喚撒母耳，撒母耳說：「我在這裡。」

——〈撒母耳記．上〉3章4節

分享與討論：

一、為人父母者總是很不喜歡聽到兒女說「等一下」，你要他做什麼，他既不說好也不說不好，只說等一下，但是這「等一下」往往是「等很多下」，等到後來父母也只能「算了」，因為你要他去做某件事的那個需要和條件環境都過了，也甭做了，可想而知父母心裡有多失望。當我們對上帝說「我在這裡」的時候，並不表示我們自認一切都準備好、萬無一失了，而是因為我們有單純順服的心，願意在當下交出全部的自己，聽候神的差遣與安排，也相信，前面的道路，一定有神同行。一句「我在這裡」，是我們參與上帝大計畫的開始。

二、請分享上帝是否曾經給你讓你覺得十分意外的任務？

56

解惑

默想：神在各樣的事情上，其實一直在對我們說話，只是，我們是不是願意接收呢？

有次和一位摯友狂吵一架後，心情大大受傷、難以平復。開車回家的路上遠遠看見有家新開書店的招牌，通常發現新書店，我一定會去逛逛的，但那天的心情實在太糟，再說開著車也不方便，心裡只閃過一個念頭：「肯定沒地方停車的，下回吧，」正想著，車子開過書店門口，一個大大的停車格，空在店門口。

走進書店後，（不知爲何，我逛也未逛地就）直接就走向書店平台、拿起第一本書、隨手一翻、眼睛看到一行字，當場震懾住。這句話分分明明就是爲我剛才和朋友的爭執下的註腳，一句話就完完全全回答了我心中的疑惑，在驚異中，我的憤怒開始逃走。

我一直是個非常在乎言詞表達的人，什麼事情都要追根究柢地說清楚，幾乎不能忍受表達上的「灰色地帶」，因爲我一直認爲自己的「口語表達度」很高，也要求別人有同樣的習慣和能力，否則就是「沒有誠意」，但這朋友是個拙口笨舌的人，說話方式又很保留，我想他說不出如書中同樣的話語——即使，他心裡有相同的意思。

我迷失在「表達」的汪洋裡。神就用了這奇妙的方式讓我看見這位朋友說不出來的話語，並且，將我拯救出去；或許應該說，這是神要對我對說的話語。

書店我沒有繼續逛下去，放下書，我安靜離開了。

二〇〇五年工作上有一個轉折的機會，我已經決定離職，但由於種種原因，一直沒有辦法眞正走開；正當此時，去了趟韓國。某日在首爾突然遇到一位認識多年但往來不多的朋友，兩人坐下來聊天，我忍不住提到工作上一些難以做選擇的狀況，還補充了一句：「我是個基督徒啊，也禱告了好久，但情況還是一片混沌……」

很意外的，這朋友說他也是基督徒，我們過去交情不深，沒有機會談到信仰，所以對彼此都是基督徒一事，有些意外。在台北難得一見的人，在首爾一談就談了四十分鐘；後來他突然發現與一個朋友約好要見面的時間到了，就匆匆跟我道了再見。

他離開後，我才發現整件事情非常有意思。本來我以爲兩人久久未見，會交換一些對出版這個行業的想法、也聊聊近況，結果我們的談話除了我的工作，別的通通談不上、而且，絕大多數時間都是他在講……因爲交淺，所以他對我近日的種種困惑與掙扎並不了解，才有辦法滔滔不絕地爲我做各種分析，換作知己好友，恐怕就很難做到這樣客觀了吧，我想。

他彷彿上帝派來的天使，專程把神對我工作的心意傳達給我；望著這位朋友離開的背影，我在台北延宕多時的困惑，當下就得到了解答。

信仰的道路就是一條學習聽神話語的道路，回想起來，錯過與錯讀神話語的經歷實在不少，但神仍舊「不計前嫌」地繼續跟我說話，甚至於要動用到一次在韓國街頭的偶遇來開啓我的心……我感謝神這樣處處的帶領、時時的關照；祂不厭其煩地安排天時地利的環境，只爲讓我能夠明白祂對我所展開的心意是如何美好；爲的是要讓我學會：在一切所行的事上認定祂、因祂必指引我的道路（〈箴言〉3章6節）。

神啊，我如今要說：「聽從耶和華的，平安如河水，公義如海浪。」（〈以賽亞書〉48章18節）

約伯啊，你要留心聽、要站立思想神奇妙的作為。

——〈約伯記〉37章14節

分享與討論：

一、有時我們必須跳脫身邊的家人、好友，去尋求不同人的意見；因為那些本來就跟我們很熟的人，對我們的想法瞭若指掌，有時不免會順著我們的心意，做我們已經知道答案的建議；又或者，我們因為跟他們太熟了，不是很珍視他們的意見，他們講半天，我們也聽不進去。所以人生有時會有天外飛來一筆的「當頭棒喝」，這個棒喝也許正是上帝要對我們說的話，我們要有更敏銳的靈覺察神的帶領。

二、請分享是否有過因為某個「不期而遇」而改變固有想法和決定的經驗？

57

耐心等候

默想：我不是一個擅長等候的人，因為我沒有太大的耐心，又因為長期做新聞工作，這個職業最重要的訓練不在於「耐心等候」而是「及時反應」。因此，長時間以來，我的性格裡有一個「發育不良」的部分就是「等候」的能力。

過去的三年，上帝給我最重要的訓練就是「等候」；有不只一件事，我求告了，並沒有得到任何回音。我漸漸懂得，上帝不但有祂的時間，也有祂的優先順序，並且，上帝不見得會在我要的時間裡，讓我明白祂的每一個安排——我正在學習著，不給上帝期限、不指揮神、不跑在神的前面。

我只是等候；在祂的心意裡等候著。

我的工作就是上帝三年來都沒有給我答案的例子。二〇〇三年年底，在一位同學的帶領下，我進了教會、認識上帝，我的生命經歷很大的改變，於是，沒多久，我就決定辭掉《中時晚報》（那時《中時晚報》還沒關門）的工作投入福音機構工作，因爲我認爲這樣才是最直接服事神。接著，我向數個福音機構寄出履歷表，結果，問題不是我有沒有被錄取，而是根本連回音都沒有收到。我知道他們有收到我的履歷表，因爲我打過電話去確認，但不知何故，人事部門完全沒有跟我聯絡，所以我連第一步都跨不出去。

繼續，我等著。

上帝一路幫我解決工作上遇到的困難，這裡舉個例子。我在《中時晚報》負責核社會新聞。那段時間台灣發生了一件很可怕的分屍案，兇嫌把分了的屍體煮來吃，我負責核這則新聞，並且要比較各報對這則新聞的報導，所以所有的細節都要看得非常仔細。

有一天，我又收到這則新聞的後續報導，在編輯台上，我看著這則新聞的每個細節描述，忍不住吐了。我當晚向上帝流淚禱告，看樣子，我是眞的沒有辦法做新聞工作了，因爲我實在太脆弱：「上帝啊，你老人家就放了我一馬、讓我走吧。」我更積極地找工作去了。

過了一陣子，報社調來一位資深的主管作核稿人，因爲他是跑社會新聞出身的，理所當然負責核社會新聞的稿件，我從此就從社會新聞解脫了，改核生活、醫藥等領域的新聞。當我看到那位主管調來作核稿人時，我內心忍不住笑了起來，想不到上帝用這種方法解決問題，太有創意了。

但，上帝就是沒有回應我要離開《中國時報》的禱告。

繼續，我等著。

最近，終於有福音機構向我發出邀請。很奇妙的卻是，這些天來，主動、被動的，就是有人跟我說：不要去。我不知道箇中原委，也並未多加探詢，也許是我個人尚未準備好吧！基本上，我對上帝的作爲向來少問「爲什麼？」因爲我相信神的心意高過人的心意；祂考慮許多事、施行計畫的諸多細節，均是智慧。對上帝，我想就是一個「不疑有他」的態度吧。有必要的話，祂必讓我明白，耶穌是最好的朋友，不是嗎！

所以，關於工作，我的情況始終沒有改變，噢，不能說完全沒有改變，其實，應當說，改變相當地大。在禱告中，我不斷領受到神在工作上給我的祝福，讓我比過去任何時候，更加珍惜並且重視手上的工作，更能夠在工作上體會到神的同在；我想，神要我學習的就是擺脫形式主義；有主同在的工作，就是福音的工作。

我知道，上帝完全了解我是怎樣的一個人，祂用祂的方法幫助我把「爲主大發熱心的五分鐘熱度」展延成一生服事的能量；祂知道怎樣教導我，所謂爲主而活，那是一生之久的事，是生命中最美好、最眞實的經驗。

相似的經驗，在過去的幾年裡，有好幾樁。

摩西對他們說：「你們暫且等候，我可以去聽耶和華指著你們是怎樣吩咐的。」

（〈民數記〉8章9節）等候耶和華的，必重新得力。

耶和華啊，我向來等候你的救恩。

——〈創世記〉49章18節

分享與討論：

一、在生命長河裡，如果你知道泅泳的彼岸是什麼，也許你不會害怕跨出步伐，你甚至會毫不猶豫地迎向前去，只要你有信心，你篤定的相信，前面有一條路，你就願意等；但是如果你不是那麼確定，這等候的路就難了，每一刻都漫長無比；多等一分鐘都是折磨。

所以，世間最大的折磨不是等候，而是沒有盼望，感謝神，等候上帝心意與話語的過程，卻總是充滿了盼望。

二、請分享你曾經有「長久等候」的經驗嗎？你當時的心情如何？

58 第二里路

默想：耶穌的時代，羅馬法律規定，軍人在路上行走時，看到奴隸或者是殖民地的老百姓，可以要求他們揹行李，每個人每次揹行李走的路程則以一里為限。因此猶太人在路上看到羅馬軍人經過，當然是遠遠地就逃掉，萬一運氣差給盯上了，心不甘、情不願揹上行李走，滿了一里路，行李甩了就跑。

誰願意揹負旁人沈重的負擔？在走那一里路的路程中，猶太人和羅馬人肯定是完全不溝通也沒有好臉色的，當時羅馬是統治階級，有絕對的力量可以折磨猶太人，如果猶太人弄壞了他的行李，那更要遭殃。「以牙還牙」的結果會如何？完全不能改善處境，只會讓自己和族人更倒楣。

耶穌看見了這樣的矛盾，於是提出一個不同的應對態度：他要你走一里路，你就走二里路；在走第一里路時，羅馬人覺得自己是高高在上的統治者，猶太人揹行李揹得氣喘噓噓，他也根本沒有感覺，因為法律本來就賦予他這樣的權利；稀奇的卻是，這個猶太人怎麼還願意走第二里路呢？

第一里路是法律的義務，是壓力的來源；第二里路，是愛的行動，是化解對立的開始。第一里路往往是做表面的功夫，能夠走到第二里路，那是化被動爲主動、是對自己的生命與任務有更積極的認識。

在人生的許多情境裡，甚至在信仰的路上，走第一里路多不是難事，因爲世上大部分的第一里路規則都訂得很好，我們按照這些規則去做，好像一句俗話「熟讀唐詩三百首，不會作詩也會吟」，第一里路不難完成，因爲這是「照表操課」的階段：老師出的回家作業；公司規定的九點到五點；帶朋友到教會；每個主日的聚會……大部分的人都知道自己人生有哪些起碼的責任，但是只走第一里路，就永遠不能領略這第一里路的價值與意義，因爲心態上是不平的、是盡義務的；這第一里路，我們沒有拿生命去走。

第二里路，不是第一里路的延伸，不是負擔的加劇，而是進入另一個層次。有天在電視上看到「超級馬拉松」選手林義傑的訪問，他提到跑亞馬遜叢林時碰到「撞牆期」，也就是長跑者跑到一個身體的極限之後，整個肌肉運作與呼吸系統處於不平衡的狀態，因而身體出現「極點」，俗稱撞牆期，撐過去之後，身體克服了「內臟惰性」，體能會變得更好；那時，跑步的感覺、身體的動能，完全不同。

從第一里路走到第二里路，恐怕也會經歷靈魂的撞牆期，然而，走到第二里路的猶太人已經擺脫了悲情；走到第二里路的羅馬人放下了威權；走到了第二里路時，主奴關係變成了朋友關係。

保羅提醒：「就要照著你們現在所行的，更加勉勵。」（〈帖撒羅尼迦前書〉4章1節後）我曾帶一位朋友到教會來，她淡然地說，基督教也不錯啦，然後……我們就甚少聯絡了。我想，該是我走第二里路的時候了。

有人強逼你走一里路，你就同他走二里。

——〈馬太福音〉5章41節

分享與討論：

一、歡喜做、甘願做的前提不是忍耐，也不是因為你想要「留一點什麼給人家探聽」，而是因為在做的過程中，你看到價值，看到恩典，因為你知道自己所做的事情，有好的影響，有正面的作用，可以真正地改變一個人、改變一件事，甚至於，改變一個時代；你走二里路，不是在逞強，不是在凸顯自己，而是一同完成上帝的美意，對你，以及對那個你陪他走二里路的人，皆是如此。

二、請分享你生命中「第二里路」的經歷，是否曾經為朋友的需要多付出一點，或者是別人為你多做了什麼。

59 全人醫治

默想：耶穌來到伯賽大，一個瞎子來，求祂摸他，這個瞎子想要得到醫治、盼著耶穌能打開他的眼睛。耶穌第一次醫治後，問他，你看見什麼了？瞎子回說是有看到東西，不過人像行走的樹，細節看不清楚……於是耶穌就醫了第二次，這次，伯賽大的瞎子眼睛開了。

耶穌爲什麼要醫兩次？

有位姊妹失眠多年，在某次醫治特會時，那位非常有醫治恩膏的牧師還特別爲她禱告，這位姊妹感受到上帝對她說話：「我要醫治妳。」特會結束當晚，她許多年來第一次不需要吃安眠藥入睡。

然而，上帝的醫治需要許多配合。失眠問題反映的是她多年來不合章法的生活惡果，上帝很清楚地告訴她：「妳必須要改變生活。」特會結束後的前幾個月，她很認眞地聆聽上帝的話，作息規律，該睡就睡、該起就起，那段時日，她夜夜好眠。

或許眞的是好眠到有點得意忘形了，漸漸地，她的生活習慣又回到從前，每天晃、耗、摸，不到凌晨兩、三點，她上不了床；上帝從十點半開始催她，催、催，催，起先她還有點心虛，擔心自己再這樣遲睡，失眠的問題就又來了……。不過，後來她也根本不理上帝的催促和提醒了；她心想，上帝已經醫治了，不是嗎？神會「罩」下去的嘛……。

不用我說，你也猜得到，這位姊妹現在睡眠的光景如何；她又回到過去天天靠安眠藥上床的日子。她的失眠、哦，不，是她的生活，需要「二次革命」。

伯賽大的瞎子，耶穌也醫了兩次；第一次，讓瞎子看到卻看不清，他心裡對「看得到」是怎樣的美好有所領會，對「全然看清楚」也有了渴望，耶穌徹底的醫治，出現在第二次。

耶穌當然有能力可以「畢其功於一役」，一次就把人醫治好，但有時祂選擇漸進式甚至是重複式的醫治、讓人一次一次地感受到醫治。一方面，人生很多問題、傷痛，不論是身體的、心理的或者是靈魂的，往往是很多年累積的結果，醫治是一種恢復、一種和好，在這「復健」的過程中，我們需要一點一滴去適應，適應新的機能運作、適應新的關係與感情發展……一點一滴體會上帝的愛與醫治是如何寶貴。

其次，我們之所以會出現一些需要被醫治的狀況，往往是因為我們的人生有其他問題，若是我們沒有配合著調整、更新自己、沒有用討神喜悅的方式生活、思考，上帝怎麼醫治？耶穌看到的重點不是病而是我們的人生出了問題、習慣出了問題、人際關係出了問題……這些不改變、不調整，人是不能回到神的愛裡的，這樣，醫治又如何能夠完全呢？

當看見上帝的醫治臨到，可是我們卻仍然還在痛苦中、瞎眼半開，就需要不斷繼續禱告，求神光照我們，是否我們的疾病與問題，反應了我們尚未被調整的生命？困境，往往來自於我們一直不肯配合上帝的醫治進行必要的改變。在上帝的醫治中，我們病人可也有自己該盡的責任吶。

上帝不是「頭痛醫痛、腳痛醫腳」型的蒙古大夫，祂是全人醫治：第一次醫你的疾病，第二次，祂卻要醫你的人生。

> 他就抬頭一看，說，我看見人了，他們好像樹木並且行走；隨後又按手在他眼睛上，他定睛一看，就復了原，樣樣都看得清楚了。
>
> ——〈馬可福音〉8章24、25節

分享與討論：

一、人們大都知道生病的時候要找醫生，但對付疾病，我們需要的卻不只是醫生的「妙手回春」，不可缺少的還有自己的配合。生病反映的是生活出了問題，如飲食、作息、人際關係、自我認識，和靈性生活等，因此生病時除了吃藥，還需要身為病人的人調整生活；或許，也正因為如此，有時我們需要「兩個循環」的醫治，因為在醫治了表面的症狀之後，很多人需要的是重新面對自己的生命，那就涉及到另一個層次的醫治了。

二、請分享你是否有「被醫治兩次」的經驗，你當時的心情如何，有沒有因此有了特別的體會？

60 因喜樂而歌唱

默想：從前在《中時晚報》工作時，有天有個同事跟我說，妳是全辦公室唯一會一邊看稿一邊唱歌的人；她說，聽妳唱歌真好，覺得工作也可以是一件很快樂的事情。

她不說，我沒有注意到，原來我在工作時會唱歌。

在辦公室很難唱出那種〈負心的人〉、〈恨你入骨〉之類的哭調吧。我猜想，能讓同事覺得上班也挺快樂的歌聲，應該是讚美上帝的旋律自然而然在我心裡出現了。

台灣人是很喜歡唱歌的，日本人發明的「卡拉ＯＫ」在台灣人手上發揚光大，可見一斑，不過，或許有時大家也「太愛唱了一點」。

星期天去政大後山看杏花，在美麗的山景中，突然傳來伴隨著卡拉ＯＫ的歌聲，我和老妹會心一笑，疾步快走，想迅速閃過這「魔音穿腦」的歌聲。山中傳來旋律本是美事一樁，但是如果是純粹、天然的人聲，而不是壓迫式的機器擴音，會好得多吧；當然也跟唱的是什麼有關。

或許大家都有個經驗，就是去旅行時，整個遊覽車裡不斷有人唱卡拉ＯＫ，想要休息的人完全得不到安寧。大家這麼愛唱歌，唱的，究竟是什麼呢？有位學者做過研究，發現台語歌曲大多悲情，百分之五十六．八是「苦戀」、「命運與忍耐」有十三．六、「離鄉與流浪」是百分之十．二、「喝酒與跳舞」佔百分之八．五。

那麼，在無孔不入的卡拉ＯＫ裡，歌者的心情是什麼呢？「不惜歌者苦，但傷知音稀」，這樣的歌，愈唱愈苦、愈唱，愈孤獨吧。

可不可以有不一樣的歌唱心情？「諸天哪，應當歌唱，因爲耶和華作成這事。」（〈以賽亞書〉44章23節前）不是苦酒滿杯、不是漂泊的行船人……而是因爲讚美、因爲喜樂、因爲上帝的榮美而歡唱！想到上帝奇美作爲、想到上帝的同在，我們口中的讚美自然發爲歌聲，這樣的歌聲，這樣的旋律，是充滿祝福的、是充滿力量的。

因爲工性質的關係，過去有很長一段時間，我開車時總會自然轉到談話性節目，就像晚上回家，不假思索打開電視就轉到call-in節目，這些都是下意識的動作。漸漸的，我的心裡有個聲音提醒我：「不要再聽這些嘈雜的內容了，聽聽音樂吧……」我開始轉台，從台北愛樂、佳音電台到放詩歌ＣＤ，開車的路上，心情也很不一樣了。

如果台灣在上下班路上的開車族，聽政論節目的人少些，聽音樂、特別是詩歌的人多些，應該會讓更多人在到達辦公室前、在回到家之前，就已經預備好了一顆平靜的心、一顆安穩的心，一顆歡喜的心。

生活裡需要更多音樂、更多歌聲，耶和華喜悅我們用音樂用歌聲來靠近祂；而祂也在我們的歌聲中，和我們同在，「耶和華你的神是施行拯救、大有能力的主；他在你中間，必因你歡欣喜樂、默然愛你，且因你喜樂而歡呼」（〈西番雅書〉3章17節）。

耶和華也因我們的喜樂歌聲而歡呼，多麼美妙！

歌唱的、跳舞的，都要說：「我的泉源都在你裡面。」

——〈詩篇〉87篇7節

分享與討論：

一、《詩經》提到人類情感的抒發：「情動於中而形於言，言之不足，故嗟嘆之；嗟嘆之不足，故詠歌之，詠歌之不足，不知手之舞之、足之蹈之也。」表達心中感情，讚嘆歌詠，都是自然流露。換一個角度來說，你口中唱的歌，卻也可能「塑造」你的心思意念，你若想要生活有亮光、有恩典、有積極的思維甚至是作為，就應該讓自己常常唱一些這樣的歌曲，讓正面的旋律和詞意充滿你心；常常唱哀怨、悲情的歌，人生不知不覺也灰色了起來。

二、想想看，你最近最常哼唱的是什麼歌？

61 享受當下

默想：進入「馬告公園」後，才發現相機忘在車子上；接泊的車子已走遠，這趟神木之旅，註定不能留下任何影像的紀念了；未曾留下紀錄的旅遊，算是來過嗎？我的懊惱一直到第十棵神木出現時都還在徘徊著……

我是個認眞的旅者，也許認眞的有點偏執。

二〇〇五年去埃及前，我讀了幾本和埃及相關的書和導遊事前發的一堆資料，拍了無計其數的照片（反正數位相機的記憶體夠了就可以無限暢拍）；後來去希臘也一樣……。我想，我到全世界的每個地方，大概都會是這副德性：忙得好像我並不在現場、忙得好像我正在另一個星球。

旅行的時候，一直在爲「將來的回憶」忙碌著，想要用影片、要用照片、想要用筆記，證明自己的確來過——但爲什麼重點一定要放在「我來過」，而不是「我正在這裡」？當我把旅行的重點放在「我來過」時，我有一種感覺，彷彿我並不是爲自己在進行這趟旅程，而是爲了讓更多人「知道」我來過，就好像一位朋友說的，旅行最棒的部分在於把整個旅程的照片整理出來、並且一而再、再而三地展示給朋友觀看。好像旅行的目的是有朝一日可以讓人知道我來過？

那麼，旅行的主體，究竟是誰呢？

旅行的目的是「經歷」抑或是「記憶」？不斷拍照的我，不斷做筆記的我，終究只能是旅途中的「他者」；旅行，最多也只能是一個儀式。

金字塔頂端，一群老鷹飛過，導遊大喊：「快看，這是埃及最重要的象徵……」在我低頭調整相機的當兒，老鷹飛過了。我爲了日後可以證明自己看過「金字塔上的老鷹」，因此錯過了老鷹飛翔的那一刻。

聚會時，瞥見有人低頭猛抄筆記、狂找《聖經》章節，整個人忙得不可開交，這麼用功、這麼認眞追求，很讓人敬佩，但我很想用自己的旅行經驗提醒他：我們已經在神的話語裡了，天父已經親自與我們同在了，別忙著「拍照存證」了，快快來享受神吧。

神究竟在哪裡？打開我密密麻麻的筆記本、翻開我一本又一本的靈修書籍，突然間，我理解到，有時候對像我這樣喜歡凡事有個「進度」、有個「證據」的人來說，做這些事情彷彿比只是單單地禱告、單單地渴慕親近神要簡單的多，或者說，要明確的多；就好像有些人必須藉著旅行照片，才能很篤定知道自己眞的曾經去過那些地方一樣。

然而，眞的去過嗎？請再一次問自己。

離開馬告公園、上了接泊車時，我在車上看見遺落在座位上的相機。這一次我練習了一種新的旅遊方式：芬多精與林間氤氳如沁如沐；在林地間，我的心專注並且甦醒了；我為此奇妙的創造不住讚嘆。

那一刻我即確定，我是來過了。

親愛的上帝，讓我不只在知識上認識你、不只在思想上認識你，也讓我在靈魂深處與你心心相印，就在此時此刻。

我的心渴想神，就是永生的神，我幾時得朝見神呢？

——〈詩篇〉42篇2節

分享與討論：

一、有人的人生忙碌於採集生命的標本，一點一滴總要「眼見為憑」，「耳聽為證」，不能具體表達的，就彷彿不存在。跟這樣的人談信仰，他要你拿出證據來，但是，即使你告訴他宇宙星宿、風雨雷電，他一樣不解其中奧祕；其實，上帝並不遙遠，祂不就在我們的一呼一吸之間嗎？我們的一呼一吸，並不是一件簡單的事，更不是一件理所當然的事，這是一個奇蹟。

二、你如何詮釋「凡走過必留下痕跡」這句話？

62 信的理由

默想：好友和我一起看「國家地理頻道」的〈猶大福音〉，在看的過程中，他常流露出一副「你看吧，你看吧」的那種神情，好像有人拆穿耶穌，讓他有點小小的得意似的。

在電視播出前，國家地理頻道辦過一場首映，當時我已非常仔細地看過，也閱讀了些資料，本來沒有興趣再看一次的，因爲好友說要看，才陪著他看電視。儘管我也知道，有些人看的目的是爲了找出反駁耶穌受死、復活的「證據」，我想也無妨。像這樣「知識至上」的人，就把〈猶大福音〉當作某種知識，讓他從純粹知識探索的角度去接近基督教的信仰吧；我相信，神的道對不同的人會有不同的切入點；我且在一定的範圍裡，與他辯論（〈以賽亞書〉1章18節）。

不知道有沒有人研究過，是不是有本來不信的人讀了《達文西密碼》之後，反而因此對基督教、對耶穌產生好奇與興趣，並且進一步進入了這個信仰？我只知道部分教會對這本書非常忌諱，我認識一些基督徒是拒絕讀這本書的，「根本胡扯，不值一讀」。

不讀也沒錯；是無須助漲其商業利益。

有位姊妹說把「猶大」和「福音」這兩個字連在一起，光聽到就想吐；國家地理頻道請了普林斯頓宗教學教授依蓮・佩格斯（Elaine Hissey Pagels）來解析《猶大福音》，她對整部《猶大福音》的出土，抱著「樂觀其成」的態度，畢竟她是宗教學教授；但她也強調，這些資料或許並不適合讓一般人閱讀，有進一步研究上需要的人讀比較妥當。

不過，我們生活的這個世界，資訊傳播已經發達到一個程度，限制流通的可能性非常低，當異端以「暢銷小說」或者「考古大發現」的面貌出現時，更是容易讓人趨之若鶩。《達文西密碼》在台灣銷售破一百萬本，等於每二十四個人就有一個人讀了這本書，這還不計傳閱率。對基督徒來說，這是難堪的挑釁嗎？

去年參加一個特會，來自英國的牧師說他撰寫了一個小冊子「信仰七問」，係針對非信徒常提出的基本且根本的信仰問題釋疑，儘管耶穌與抹大拉的馬利亞的關係，相對於基督教的其他關鍵要點，並不是許多基督徒認爲值得一談的，但這位牧師說，他的七問現在已經增加了第八問，「這是針對《達文西密碼》寫的，」牧師說：「這本書賣得太好，我們不能逃避它帶來的影響力，並且要選擇主動面對。」

對基督徒來說，這樣的挑戰將會愈來愈多；如果神感動你要爲祂在不信的人中間發言，請你要了解不信者的眼目正戀慕著什麼。如果一個信仰連通俗小說《達文西密碼》與一部找不到希臘原典的古柯普特語翻譯文件《猶大福音》的挑戰都通不過，這樣的信仰豈值得你生死與之？上帝的道斷非如此！我們都該有這樣的信心和把握。倒是國家地理頻道《猶大福音》一片最後提出了一個問題，或者值得每位基督徒深思：「你信的是什麼？你爲什麼信？」

耶穌對他們說：「無知的人吶，先知所說的一切話，你們的心信得太遲鈍了。」（《路加福音》24章25節）盼望我們的光景並非如此。

你們當剛強壯膽，不要害怕也不要畏懼他們。

——〈申命記〉31章6節

分享與討論：

一、在今天這個傳媒發達且言論自由的世界，固守信仰成為一個高難度的挑戰，因為三不五時就有人說他發現了新的考古事證，證明耶穌是假，證明基督教是謊言，等等；基督教界簡直疲於應付、甚至有如驚弓之鳥；但我們實在不必太緊張，信仰有理性與感性不同的層面，面對不信者，在理性的部分，知之為知之，不知為不知，無須惱羞成怒，我們又不是每一個人都是護教的學者；在感性的部分，多多付上禱告的代價，期望上帝的靈親自感動那不信的人——有誰是經過一樣一樣仔細分析後，才能感受到父母的愛呢？

二、你是否曾經跟不信的人有過辯論，請分享其中過程。

63

不要消滅靈的感動

默想：中秋大連假，家族裡各有計畫，因此召聚大家提前過中秋。聚會時，聖靈突然給我一個感動，在聚會結束、大家要離去時，帶全家族一起禱告。

聚會愈近尾聲時，心裡那個聲音又來提醒了，不過，一方面顧慮到家族裡並非人人都是基督徒，大家一起禱告可能會讓不是基督徒的人「不舒服」，另一方面，又考慮到時間已晚，有些親戚們的小孩還小，應該要回家睡覺了……等等，在各式各樣的理由下，最終大家吃飽喝足、一番時事評論後就鳥獸散了。

我家的聚會通常都非常開心，因爲大家都很健談，又因爲小孩子可以玩在一起，所以大人高興、小孩也高興，幾乎每次都要再三催促，大家才願意離開。現代人孩子生得少，一家一個、兩個，孩子童年太寂寞，所以我從孩子很小時，就一直盡力鼓勵也創造很多機會，讓全家族和我的朋友之間常有機會聚在一起，讓孩子的成長記憶裡，可以有許多近齡同伴玩在一起的經驗；所以我很喜歡在家裡請客，也常能賓主盡歡。

可是這回，眾人離去後，我內心卻一直不太平安，自己本答應了聖靈要帶大家一起禱告，只因爲怕得罪人、怕所謂的「破壞如此和諧的氣氛」之類的理由，結果卻對神也對家人食言。正當我內心縈生某種不舒暢的感覺時，突然接到一通電話。

電話那頭，某位親戚說：「妳今天不是說要帶大家禱告，結果沒有！」她說，夫家出了一件事，一位親人的兒子出車禍，現在還昏迷，本想在禱告時提出，請大家看看是不是爲這位昏迷的年輕人禱告，「結果大家沒禱告，我也不知怎麼提這件事才好……」

我一聽，內心就非常震撼也很後悔，因爲讓我猶豫著、擔心大家一起禱告會不會讓人不舒坦的顧慮，其實主要就是爲著這位親戚和她先生，因爲她先生反對信仰，這位親戚會建議，當他們一家子在場時，就先不要全家族一起禱告，「不然我老公會生氣，我也尷尬。」正因爲如此，所以我在心裡給了自己一個「禱告的警總」，之後，只要有這位親戚在，就沒有跟全家族一起禱告過。

這回聖靈突然給我感動，卻因爲我的懦弱與屬靈鄉愿，失去了一個很好的機會，讓全家聚在一起爲這個昏迷的年輕人和這個飽受折磨的家族禱告，甚至於，也失去了讓這位向來對基督教沒什麼好感的親戚的丈夫，看看信仰如何連結一個家族的機會。

雖然掛上電話後，我個人爲這位年輕的姻親做了禱告，但總覺得，如果剛剛是全家族一起禱告，會更有力量；也讓家族聚會除了吃喝談笑之外，能有另一個價值，就是在信仰的分享與禱告裡，有更深一層的靈裡互動與連結。

聖靈的感動都不是徒然的，祂知道在某時某處，有人需要你的代禱、需要你打一個電話、寫封伊媚兒，只是我們卻常用自己的知識、情感、認知消滅或者限制了這樣的感動，讓那呼救的訊號、聖靈的工作竟被迫嘎然而止。

回應聖靈並即刻採取行動；這是我的體會：「不要銷滅聖靈的感動」（〈帖撒羅尼迦前書〉5章19節）。

聖靈對腓利說你去貼近那車走。

——〈使徒行傳〉8章29節

分享與討論：

一、家庭、朋友的聚會可以聯結人與人之間的情感，也更應該聯結人與神之間的關係，特別是，如果那個聚會裡有不只你一位基督徒，我們可以發揮「兩三人同心合意的禱告」的神奇效果：讓在場的其他人感受到你們信仰虔誠的力量。不消滅聖靈的感動，不只因為我們重生得救後，有來自耶穌親自賜予的新的膽量，更重要的是，感受到耶穌愛人的那分深情，不能被我們的愚昧懶惰給耽誤了。

二、請分享一件你曾經順服聖靈帶領所做的事，以及其結果。

64 不自我設限

默想：在二〇〇六年的訪韓行程裡，有個活動是參加韓國教會的家庭小組聚會，也就是去到韓國弟兄姊妹的家裡，與他們一同聚會。事前，有人提醒我們，韓國人是很討厭日本人的，所以盡量不要用日語跟他們溝通。於是我心裡想，好吧，那就用英文吧。不過，根據我過去的經驗，韓國人的英文表達能力似乎不高。

說到這裡，我得岔開題一下。

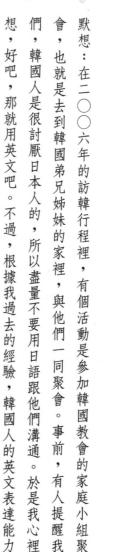

二〇〇五年到首爾時，我曾獨自一人在街上閒逛，迷路時特別找年輕人問路，心想這樣比較好溝通，沒想到我遇到的首爾COEX（世貿中心）工作人員竟然一句英文也不會（這裡的工作人員應該很國際化吧！當時我是這麼想的）。但他非常熱情，嘴裡說不清楚，便親自帶著我大街小巷找我要去的地方，我看了手表，他總共花了半個小時帶我找到目的地。

當時我心裡非常感動，首爾是怎樣的一個城市啊。雖然他們的市民可能英文還不夠好，不能用言語爲一位外國人指路，但是他們卻願意用自己的時間帶路。我在首爾碰到兩個這樣的熱心人，一男一女，而且都是年輕人，不是那種閒閒的老人家。我對韓國人的好印象大爲提高，我總覺得，一個能從內心深處有足夠自信的人，才有能力對陌生的人伸出友善與熱情的雙手、才能顯得如此「落落大方」；我想，現在首爾人（或者韓國人）眞的是「自我感覺良好」吧。

這種「想盡辦法幫助人解決問題」的態度，是很值得學習的：英文不好、表達不足、能力欠缺……都不是溝通的障礙，只要你是眞心想要幫一個人忙，就一定可以找到辦法。

回到家庭聚會。

我和一位台灣的姊妹同組，等到了小組長的家裡，發現這個以年長主婦爲主的小組，根本很難用英文溝通，小組裡，倒是有一、兩位日語非常流利。

所以我只能放棄使用英文，用日文和她們交談。當然，我的日文不是頂好，但表達善意、小小聊天、自我介紹、問候、簡單交通……還是夠用的，至少讓場面不會那麼生冷，我也同時翻譯給同行的那位那台灣姊妹，結果我們聚會的氣氛非常美好。

會後的愛宴由韓國姊妹們合作料理，有韓國傳統食物Kimchi（泡菜）和非常美味的Bulgoki（韓式烤牛肉），一片生菜葉包著烤肉、飯、豆芽、蔥和辣椒醬等。一面吃，他們一面介紹，讓我們對韓國食物多了一分親切感。

多年前學日文時，我也不知道要做什麼用；沒想到我的日文是用在韓國，對我來說，這很神奇，也不禁想，很多事，上帝的預備是非常奇妙的，你所會的東西，上帝會在什麼場合使用，你眞的不知道，等到有朝一日，發現原來這事可以派上這個用場、那事可以爲主服事，眞是只能嘆服：萬事互相效力，叫神的愛讓人得著益處；「你在這樹根前預備了地方，他就深深扎根，爬滿了地」（〈詩篇〉80篇9節）。

其次，我也很好奇，爲什麼會有人堅決地認爲不可以在韓國人面前說日文？這次的經驗不禁讓我反思：人與人之間的溝通，有多少是自我設限？很多戒律是否根本沒有必要？特別是在傳福音時，常常我們會自己做很多過濾：某某人是不可能接受福音的、某某辦法肯定是行不通的……這樣的心態，會漏接多少福音的安打？

現在求你差一個巧匠來，就是善用金、銀、銅、鐵，和紫色、朱紅色、藍色線，並精於雕刻之工的巧匠，與我父大衛在猶大和耶路撒冷所預備的巧匠一同做工。

——〈歷代志・下〉2章7節

分享與討論：

一、耶穌教導我們要「馴良如鴿，靈巧如蛇」，意思是不要墨守成規、被經驗限制住了，而要懂得因地制宜、伺機而動。許多時候，生命的突破、突圍，就是發生在跨越界線的時刻，那往往也是勇敢跨出我們經驗值的時刻，不讓習慣成為一種挾制，因為我們知道上帝為我們賜下的福分更多，有待我們與神同行、一同探索。

二、請分享在傳福音時，你是否曾經有「打破成規」的經驗，成效如何？

65 安靜，才有力量

默想：喜歡這兩句經文，「做安靜人」並且「親手作工」；一靜一動，冷眼熱心，有種「亦狂亦俠亦溫文」的感覺。

安靜，是一種心靈寧靜而富足的狀態，不意味著退縮，也並非逃避。前幾天和一位姊妹聊天，我知道，這些年她的人生驚濤駭浪，想必險象環生，但談起自己的半生際遇，她卻說，「現在常常安靜，安靜在主裡。」她說在那樣的安靜裡，人生境遇的參差騷動，漸漸平息；飆過眼淚的長夜，似乎也遠了。

我明白那種感覺、明白何謂人生「空山新雨後」的那種安靜；這種靜是：「寧可在安靜之中聽智慧人的言語，不聽掌管愚昧人的喊聲」（〈傳道書〉9章17節）；在上帝的面前，世界退去了，眾聲喧嘩又如何呢？我不在乎了。

靈修時，常常就在這樣的安靜裡；所以總是要給自己一個清悠的時空，一如耶穌在傳講信息、醫病、趕鬼之後，「退到曠野去禱告」（〈路加福音〉5章16節），祂需要安靜，但身邊太多人也太多事，於是祂退出去、給自己一個安靜的時空。

羅文的歌「塵緣如夢，幾番起伏總不平，到如今都成煙雲……」，打動很多人，但我總以爲，這只唱出了人生的前半段可能，人生不能只有這樣淡淡的疏離，這是個不完全的狀態；人生的後半段是他的歌所沒有的，那就是「一種靠岸的安靜」，人生不能只有放下，還要放心；把心放在上帝手中。

做安靜人總是讓我想到「縱然一夜風吹去，只在蘆花淺水邊」，這兩句詩裡的那分心神篤定眞是令我神往。這些年，我體會到，安靜，是因爲我們在上帝懷抱裡，安定與交託，這讓生命可以從許多喧囂、憤怒、不安與不平中，裁切出來——依照耶穌的樣式。

所以，我想，不管怎樣忙，每天都應當尋找一個安靜在上帝面前讀經禱告的時刻。這個時刻不是時有時無、不是「選配」，而是人生的「全配」之一。我要把這件事情當作每天生活的必需，而不只是間歇性地做。

然後，我才可以作工。一如「心中安靜是肉體的生命」（〈箴言〉14章30節前），一個安靜、有倚靠的生命是有力量的；安靜，儲存能量，而作工的時候，我們使用這樣的能量，在非常實際且實質的層面，爲這個世界盡心盡力。耶穌從曠野禱告回來後，醫治癱子、與法利賽人辯論；手上的工，未曾停歇。

上帝交付給了我們每個人都有一分責任和工作。認眞做該做的事，不可打馬虎眼、不草率應付；不只是夸夸高談，而是眞眞實實的帶給世人幫助；耶穌親自做了這樣的示範：在曠野中安靜禱告的耶穌，也是在廣場上熱力四射的耶穌。

當然，別忘了，作工的力量來自安靜、來自與主交通的時刻；葡萄枝子若不常在葡萄樹上，自己怎能結出果子？

要立志做安靜人，辦自己的事、親手作工，正如我從前所吩咐你們的。

——〈帖撒羅尼迦前書〉4章11節

分享與討論：

一、「安靜」不一定是無為而治，至少不能被定義為無所事事，其實，安靜有許多類型，有的充滿張力，有的像畫裡的留白，平衡了色彩繽紛的擁擠，「無為有處有還無」，因為安靜才讓眾聲得以喧嘩有力。安靜的力量在於幫助我們學習跨越表面的有限資源（你的頭銜、你的時間、你的金錢，你的體力，等等），從生理的有限，進入靈裡的無垠；在安靜中，我們聽見了上帝的聲音，祂發落一切，成就萬有，這是生命永續的奧祕。

二、你每天有安靜時刻嗎，還是忙到睡覺前一刻，甚至於連夢境都很匆匆呢？

66 去除心中的優越感

默想：在信仰的路上，我有一個非常大的障礙，就是和母親的關係。

母親說她四十年前即受洗信主，但在四年前我進教會之前，我並無法感受到母親和基督徒、基督教之間有什麼太強的關聯性。一來，我們家拿香燒紙錢，年復一年，從未少過；二來，母親不喜歡小孩接近信仰，更嚴格反對家中小孩受洗，因爲信得認眞了、受洗過了，尊耶穌爲大、拜過的食物不能吃、不能拿香燒紙錢……等許多傳統習俗就不能參與，媽媽覺得很不方便。總而言之，種種家庭生活與親子互動，讓我在印象中，從不覺得母親有沒有信基督教有什麼不同。

四十二歲之後才進教會，感覺到過去生命悠悠而逝、卻不認識神，實在浪費透頂，因此我成了母親口中的「熱心者」。但我深知人生有限、主恩浩瀚，我蹉跎得太久了；我的年紀已大，母親對我的影響力日微，所以此刻也不再管我，我現在的信仰是非常自由的。

但問題在我。稍微多讀了兩段《聖經》，我就驕傲了起來。常常以評論態度指責母親「基督徒做的不夠認眞」，我嘴裡雖不敢說，心裡卻老想著：「還說信主已四十年，信的什麼呀！一點點生命的改變都沒有」，眼光睥睨，我相信媽媽感受得到。

她的教會，牧師年近九十，話已經不大清楚，但仍勤勉事奉，教會四十年來鮮少有年輕人加入，日漸凋零。媽媽偶爾參加了我教會的主日崇拜，爲牧師傳講信息大感興趣，大概她從未聽過年輕牧師活潑生動的講道方式吧；但她仍不敢離開本來的教會，「怕牧師生氣」。

而我卻「望母成鳳」，三不五時跟她報教會有特會、有銀髮族聚會、有老姊妹聚會……希望她參加，因爲媽媽本來除了有時主日會去教會之外，其他時間並不會出現在教會裡，所以，跟她講這一大堆活動，她當然一概不會參加，還非常生氣地罵人：「不要給我壓力，我信我的，你信你的就好。」母女間就常爲了這些事爭吵不已。

我自忖，對母親這樣「耳提面命」，有多少是因爲眞的爲母親年華老去、信仰卻總是如此懶散而擔心；有多少，又是因爲自己覺得高母親一等，所以喜歡在她的信仰上下指導棋？我發現答案是兩個都有，甚至應當說，後者的成分還多些。

如果父親還在世，說不定我在某些事情上（如讀書）的態度也會如此，因爲在我成長過程中，他們都是「絕對威權」，凡事壓迫；有朝一日，當我們的角色有了微妙的互易、在「輩份的循環」中，無意間，我也複製了他們的威權，回過頭來用一個看似正當的理由（妳要更愛主）來壓迫母親。

在今天主日崇拜時，牧師說有些人信主四十年卻只在原地踏步時，我忍不住就想到媽媽。然而，感謝神，馬上，我想到了自己的光景，在一個家庭裡，如果人的行爲模式代代相承而不自覺，那不也是另一種的「原地踏步」嗎？懇求耶和華鑑察我心，幫助我去除心中的法利賽人，「保守自己常在神的愛中、仰望我們主耶穌基督的憐憫，直到永生」（〈猶大書〉21節）。

我想，如果我的態度不是那麼驕傲、囉嗦，或許效果會有不同。

人所行的在自己眼中都看為正，惟有耶和華衡量人心。

——〈箴言〉21章2節

分享與討論：

一、當我們希望一個人改變時，「親自示範」是最好的辦法，你讓自己的行為符合你期望對方變成的樣子，讓他看見好行為的好結果，比你說上千遍、萬遍有效，因為一個人、尤其是成人，他的行為其實很難真正被言語打動，「看見」比「聽見」，對他更有用些；在人際互動上，「循循善誘」的方式，勝過高高在上的施壓。

二、隨著年齡漸長、「世面見得比較多」，你是不是偶爾也會對家裡的長輩頤指氣使、擺出威權呢？

第5章

與上帝溝通

67 不要耽溺於罪中之樂

默想：有個朋友說，有些事，他連放進禱告裡的勇氣都沒有，因為他知道這些事上帝不喜悅，放進禱告裡，豈不是「自投羅網」？意思是說，如果沒有求問上帝的意思，就當上帝沒有表達意見，還可以兀自沉迷其間，問了上帝的結果，若是得到了「no」，那還能混過去嗎？

他說，這些事，我還想再做，所以明知不對也不敢禱告。

有位患有貪食症（bulimia）的姊妹分享說，每次她要開冰箱時，都有個聲音提醒她趕快跪下來禱告，但她一定是趁著自己被感動前火速打開冰箱，抓起食物唏哩嘩啦狂吃一陣；不禱告是因爲她一想到禱告完就不能吃，她萬分不捨這些美食（其實也不一定是什麼美食，反正冰箱有什麼她就吃什麼罷了），所以拒絕禱告。

我們的生命裡還有多少是不讓上帝碰觸的領域？爲什麼有時人們會對上帝的救贖逃之夭夭，因爲人的罪性裡有著自我毀滅的傾向。一九八八年，我看蜜雪兒菲佛主演的《危險關係》（Dangerous Liaisons，裴勇俊的電影《醜聞》改編自同一部小說）時，有點難了解爲什麼劇中人全要往一個基本上是毀滅的關係裡一直走下去？他們每天與自己的掙扎對決，然後，一天放一點水，最後導致全面的潰堤、滅頂，這是多麼明顯的愚蠢？

慢慢地，我明白，那些人們覺得再痛苦也要耽溺其間的罪中之樂裡，必然有些致命的吸引力、撒旦的召喚，以至於有些人寧可沉淪也不願讓神插手，就好像那位明知自己有貪食症的姊妹在食物面前，卻連禱告也不願意一樣。

然而，感謝上帝的是，祂對我們知之甚深，不會因爲我們躲著祂，祂就看不見我們。耶和華說：「我豈爲近處的神呢，不也爲遠處的神嗎？」祂又說：「人豈能在隱密處藏身，使我看不見他呢？」耶和華說：「我豈不充滿天地嗎？」（〈耶利米書〉23章23、24節）詩人大衛問，要到哪裡才能躲避上帝，最後他發現要躲開神根本是不可能的事；神無所不在、祂用各種辦法靠近我們。

「其實祂離我們各人不遠，我們生活、動作、存留，都在乎祂。」（〈使徒行傳〉17章27及28節中）這樣的認識一步一步把人帶回上帝身邊，因爲有一天，我們會理解到，不是我們逃不掉，而是因爲神不放手，祂就是不讓我們這樣的罪人「放牛吃草」，神知道祂若是放著我們不管，結局會是什麼！你知道天父有多麼捨不得，有多麼不放心？祂鍥而不舍的救拔，終會讓祂被擄的兒女歸回並得釋放；感謝這一路上，耶和華的陪伴、引導、愛與等候；對我們，祂誓言絕不放棄。

那位貪食症的姊妹一再躲避神的面，但神沒讓她躲掉。有一天，她的先生忍無可忍，跪著流淚求她：「妳病了，妳一定要去求助。」她非常愛先生，因著這個緣故，她不逃了，第一次，她對上帝禱告：「神啊，我願你來。」

不論什麼，都不能叫我們與神的愛隔絕（〈羅馬書〉8章39節），這是神對祂兒女掛的保證。所以，不要再逃了，上帝愛的雷達已經追蹤到你了。

我往哪裡去躲避你的靈；我往哪裡逃躲避你的面。

——〈詩篇〉139篇7節

分享與討論：

一、人們的生活往一個難以收拾的局面傾斜、以至於傾倒，不是「一蹴可幾」的事，總有個過程，換句話說，在這當中，人們其實有機會可以「適時修正」，可以「及時回頭」，但往往單單著靠自己的意志力就是沒有辦法勝過那耽溺的光景，需要一個更高的力量與一群人的協助，讓自己從被挾制的狀況裡釋放出來，他們需要找到不再繼續過這種生活的理由，其中，最重要的就是知道自己被愛、被珍視，值得過一個「更好的人生」。

二、你有沒有「明知不對，卻還是執意要做」的經驗？做了之後，結果如何呢？是否想過用什麼辦法克服這種執迷不悟？

68 聚會的目的

默想：有天早晨去教會做主日崇拜前，草草處理了家務，因為時間快來不及了，只好放下，但出門時，滿腦子還在想，還有什麼沒做的，待會聚會結束後要做個、要做那個、某某人要聯絡一下，還有記得要買……連在車上都在切割時間，幾點時要這樣、然後要那樣……

就在快到教會前，突然一個聲音提醒：妳一直在想「聚會前要做什麼、聚會後要做什麼，爲什麼，妳沒有想．聚．會．中，妳要做什麼？」我猛然一驚。

的確。聚會的時候！我怎麼完全沒有去思想「聚會時」我想做什麼、要做什麼、又該做什麼呢？難道在不知不覺中，主日崇拜不過變成了只是行事曆中的一個項目、一個只是需要你去「完成」的事？與主親近，難道只是我們密密麻麻行事曆中的「另外一件事」？神，難道只是我們各式人情交際中的「另一個人」？

進教會後，聚會還沒有開始，我於是靜下來禱告預備心：「主啊，今天的聚會不是拿來打發時間的，不是來這裡對牧師有個交待的，不，主啊，今天我來，爲的就是遇見主你自己，求聖靈今天要對我說話，今天，就給我一句話。」

我是一個非常會遲到的人；在爲前立法委員沈富雄先生寫書時，因爲愛遲到幾乎就要被他開除了；沈委員表面看來很尖銳，但其實是個非常有禮貌、修養很好的人，我的遲到令他幾乎抓狂，也忍不住要發火。

主日崇拜某種程度導正了我的這個毛病。因爲我記得有位牧師曾說，主日崇拜前最好早到個五分鐘，先在位子上禱告、預備心，不要匆忙得連前面的敬拜時間都不完全，「聚會前先安靜在神面前，不要遲到後態態就衝進教會、低頭忙著找位子……」他說的其實就是過去的我，我覺得這話根本就是在說給我聽的，心裡彷彿被敲打了一下，便決定練習主日崇拜要早到一些，因爲，要安靜等候神，要給神時間；如此也慢慢把這習慣帶到了生活其他層面。

如果現在有機會碰到沈委員，我可以跟他說，以前眞的是對不起你，不過，你要開除我也治不好的毛病，上帝用祂的辦法來對付了。

今天因爲出門前幾乎是心不在焉的狀態，因此特別需要這樣一段安靜的時間。神在這時給了我一句話：「你要一生敬拜我」。領會的弟兄竟選了一首我最愛的詩歌〈我相信〉，裡面唱著：「所以我來，爲要愛你；所以我來，爲要敬拜你」。

散會後，跟講員聊天，她說昨晚電腦故障，做好的powerpoint竟無預警地全毀了，沒有powerpoint，她都不知今天要怎麼講道，心情緊張惡劣，講道前靜下來禱告，神告訴她：「敬拜我，妳只要一生敬拜我。」

感謝主！我活在神的愛、恩典與提醒中；神眞的天天有話對我說。

你要敬拜神。

——〈啓示錄〉22章9節

分享與討論：

一、人生最怕的就是把事情當作「例行公事」來辦，沒有熱情也得不到樂趣，這就是在「殺時間」，表面看來好像在做不錯的事，但實際上你很清楚自己根本未在其間，這是一種「最遙遠的距離」，因為你連面對自己已經索然無味的事實都不敢面對，你根本不認識自己。生也有涯，不要把時間浪費在「應付」上，要嘛，你就真心投入，要嘛，你就勇敢說不，不要卡在人生的灰色「無間道」裡。

二、請談談你是否曾經因為「心不在焉」而把事情給搞砸了？

69 莫忘初衷

默想：有位好友在一個很大的教會聚會，這個教會致力於「開拓」，效果大概也不錯，不過，對「已經」在教會裡聚會的會友，就有點「放牛吃草」了。

這位朋友參加教會裡一個意興闌珊的小組，小組長事業非常忙碌，因此完全沒有時間（和心力）來帶小組，組員不但沒有增加，最後竟只剩下小組長夫妻和我這位朋友夫妻，每次小組聚會，小組長總是顯得非常急，想用最短的時間把所有的聚會流程走一遍，然後就可以宣布散會，非常流於形式。這種小組聚會的品質讓我朋友夫婦非常失望，委婉跟小組長一談，組長卻非常不高興，當然沒有任何改進的可能。

我的朋友很徬徨，就去找「高層」，詢問是否可以換小組，得到的答案是：「不行！教會最討厭跳蚤型的會友，告訴你，如果你不能適應這個小組，問題是在你，你要多禱告，如果你不改變自己，到哪個小組都一樣。」高層的話，某個角度來看是對的，只是他說話的方式太「冷」了。

現在，這個朋友決定不去教會了。我很想請他來我的教會，但住得實在太遠，這不是長久之計；但如果我的朋友在他所住的地方實在找不到合適的教會，我當然寧願他「跋涉」到我家附近的這個教會來，最起碼，我可以跟他做個伴。

「Life Way Research」機構做過一項調查，基督徒離開教會的原因中，有百分之三十七的人是跟教會裡「人」的行爲有關。最可怕的是任意論斷，尤其是一些資深的教友碰到別人的任何問題，永遠只有一個制式回答：「唉呀，你禱告不夠啦，你不夠交託啦，你……」多禱告絕對是對的，將我們的生命全然交託給神當然沒錯，不過，談話時毫無「熱身」（warm up）、沒有先從他人的問題談起，就直接指控弟兄姊妹這裡做的不夠、那裡做的不好，這種溝通模式，實在非常令人挫折。

有位剛剛開始參加學校團契的高中小朋友說，團契最近要辦一個活動，他因爲另有讀書計畫所以沒報名，團契裡的人知道後就對他說：「你這麼不愛主，主也會懶得理你。」這位高中生還不是基督徒，不過他說：「如果信了教之後，人都變成這樣，那，這個教，我要多考慮一下。」

教會是人的集合，是一個小型社會，在社會裡其他單位會發生的事，教會恐怕也難避免，不過，我實在很想提醒那些覺得自己在信仰上「道行高深、行爲敬虔」的人，多用一些同理心、少用定罪弟兄姊妹的口吻說話，特別是遇到一些思想、行爲明顯「不及格」的人，要特別包容，如果有耐心和時間教導，就爲愛主的緣故，多做一點，如果實在做不來（不是每個人都有足夠的信仰知識和耐心，我自己就差很遠），最起碼，不要老是居高臨下做弟兄姊妹信仰上的「思想警察」，私下爲他多多禱告也好；「免得身上分門別類，總要肢體彼此相顧」（〈哥林多前書〉12章25節）。

很多教會擴大了以後，「人」的味道就淡了，更不要說有時甚至連「神」的味道也漸失，教會變成了一個「組識」，就像我朋友的教會，「中層」把問題壓下，「高層」則冷漠以對，再有本事增長，會是神所喜悅的教會嗎？

「愛弟兄的就是住在光明中，在他並沒有絆跌的緣由」（〈約翰一書〉1章10節），我要記住這句提醒。

> 然而有一件事我要責備你，就是你把起初的愛心離棄了。
>
> ——〈啓示錄〉2章4節

分享與討論：

一、人生有些事是不能用「熟能生巧」來看待的，因為自認對一切都很熟悉了之後，反而會把一些基本動作給省略了，有時暖身的動作也沒了，匆忙上陣。有太多例子讓我們看見，愈是老手竟愈會出錯，理由無他，因為自認熟練會使人們對所做的事或者相對應的人，失去一分敬意與慎重，輕忽的態度不但讓人失去樂趣，也容易招徠危險，不是有句話說「善泳者溺」嗎？

二、你是某個團體裡的老鳥嗎？你有沒有因為這老鳥的身分而倚老賣老，給人壓力或者不舒服的感覺呢？

70 拯救靈魂不計代價

默想：國際基甸會中華民國總會的劉瑞河理事長跟我提到一個例子。有位花蓮的法官覺得人生無望，決定自殺。她投宿到花蓮一家飯店，想利用房間的橫槓上吊，結果因為體重有點重，繩索竟突然斷裂，整個人跌下來、撞翻旁邊的一張小桌子，從桌子的抽屜裡掉出一本《聖經》。

自殺不成的女法官坐在地下、隨手拿起攤開的《聖經》，看到幾個句子，當場淚如雨下，因爲經文告訴她，耶穌愛她。女法官自殺前，覺得全世界沒有人理她、沒有人理解她，「天地悠悠、愴然淚下」，她在萬般孤獨中才決定自尋絕路。

之後，女法官自己去附近找了一個教會，告訴牧師她很想多了解一點《聖經》。

在旅店裡的《聖經》正是基甸會放的，基甸會在五種地方發送或者置放《聖經》：學校、醫院、飯店、軍警機構和監獄。我常常自己一個人旅行，幾乎在每個飯店的房間，抽屜打開來都有一本《聖經》，即使是信主之前，在飯店裡看到《聖經》，都有一種安心的感覺；特別是在國外旅行時，陌生的城市、陌生的飯店、陌生的房間，有了《聖經》相伴，似乎心裡也踏實多了。我一直以爲這是飯店準備的，還曾納悶，怎麼到處都碰到基督教旅店呢，後來才知道，原來是基甸會放置的。

這樣「天女散花」式的發送《聖經》，成本效益怎麼算呢？劉瑞河於是說了這個花蓮女法官的故事——你永遠不知道，神的話語會在什麼樣的情況下，改變、拯救了某一個什麼人，因此，我們能做的事就是盡可能努力去傳播。上帝的心意，願人人悔改、不願一人沉淪（〈彼得後書〉3章9節），而我們與神同工的方式就是認眞、努力、不停地傳福音、傳揚神的話語，在各種場合、各種情境下，都可能有人因此得救。

有位媽媽說，她有三個孩子，分別在學校附近拿到《聖經》，孩子拿了《聖經》也沒興趣看，就往家裡一扔，媽媽發現客廳裡擺了三本《聖經》，這本書到底是在講什麼，怎麼每個孩子都拿回來一本？閒來沒事，隨手抄起一本來看，愈看愈有興趣，最後就這樣進了教會，還帶著全家、當然也包括這三個兒女一起信主。

拯救靈魂的事，要如何計算「投資成本」？看看主耶穌爲了拯救一個人，趕出污鬼，竟付上兩千頭豬投入海中的代價，不要說在當時，就是在現在這個時代，兩千頭豬的損失可也是非常可觀的數字，但耶穌並沒有說，這麼做太不划算了吧，不，拯救失喪的靈魂，耶穌可從來沒有「計算」過成本！每一個人是神耶穌的寶貝。

耶穌准了他們，污鬼就出來、進入豬裡去；於是那群豬闖下山崖、投在海裡淹死了；豬的數目約有兩千。

——〈馬可福音〉5章13節

分享與討論：

一、在這個講究效率的時代，人情冷暖也都有了價格；很多人精密計算，一點力氣都不要白花，但是生命的奧祕卻是，很多東西根本難以標價，無法計算「划得來與否」；最弔詭的東西之一就是時間，你看得見時間嗎，但我們分明就擁有它，也分明就一點一滴地在失去它；有句話說時間就是金錢，但「千金散盡還復來」，時間，卻怎麼可能失而復得呢？你把時間放在什麼人、什麼事情上，其實是一個比你的金錢放在哪裡，更重要的議題；想想看，你把生命的時間投資在什麼樣的事情和人身上呢？

二、請分享你如何計算人生各種投資的投資報酬率問題。

71 奉獻的奧祕

默想：曾到新竹縣五峰鄉採訪一位一百歲的西班牙籍神父，很有趣，他有個非常中國化的名字：孫國棟，因為他很佩服孫中山先生，又覺得「作為國家棟樑是很重要的事」，因此取了這個名字。

五峰鄉在山裡，是泰雅族部落，孫神父在這裡待了五十二年，從一九五五年開始整地建「五峰天主堂」以來，從未離開，他是台灣年齡最長的「本堂神父」，一直主持五峰天主堂到二〇〇五年、九十九歲，現爲五峰天主堂的副堂神父；雖已卸下本堂職務，但神父還是很投入於傳教的工作。孫神父學會了泰雅語，在他的同工、張德蘭傳教士的協助下，正逐步把《聖經》翻譯成泰雅語。神父九十歲時學會電腦，現在每天在電腦上工作，我看他的「我的最愛」裡，有西班牙文的新聞網站，不免好奇，神父說，他每天一定要上網看新聞，「要知道這個世界發生了什麼事。」

神父罹患皮膚癌近十五年了，頭頂上處處是植皮痕跡，看來有點讓人觸目驚心，近年來又患了另一種癌症，再加上帕金森氏症，其實行動不是太方便，不過他還是可以用

「一指神功」敲電腦鍵盤，天天工作不歇。

五峰山色青青、涼風習習，感覺非常舒服，跟神父聊天的過程也很有趣，他是一位很可愛的長者，一直說自己太老囉、太老囉，「我以前不是這樣」，他說剛來這泰雅部落時，天天都要在山裡爬上爬下，跑來跑去，每天都很有活力。生於一九〇六年的神父來五峰開堂時，正當盛年，四十九歲；在此之前，他已在中國待了二十年，因爲共產黨執政被趕出來，就到了台灣。算算，孫神父爲華人奉獻已達七十年。

我問神父最掛心的是什麼，他說是「原住民的信仰和生活」，因爲這裡人口流失很多，經濟情況也很不好。教堂附設的托兒所，三分之二的孩子來自單親與隔代教養的家庭，常常有一餐、沒一餐，「托兒所裡的一餐是不少孩子一天惟一正常的一餐」，因此常常發現，三、四歲的小朋友在托兒所裡竟然可以一餐吃三碗飯。

張德蘭是這個托兒所的義工所長，完全不支薪，今年已經六十二歲的她在五峰教會也已有三十五年，她說自己跟在神父身邊學到很多、很喜樂，「每天早上作彌撒，然後讀經、靜默、禱告，一天開始有上主同在，心裡就有了力量。」

翻開張德蘭的行事曆，托兒所的工作、五峰天主堂的事就已經夠多了，她常還要上部落去傳教、主持彌撒，自己種菜、養雞（因爲神父罹患癌症，吃生機飲食，所以不能買外面的菜和雞肉、雞蛋，怕有農藥和抗生素）、她還自己做衣服，生活極爲忙碌。

是什麼力量讓孫神父、張德蘭傳教士願意把自己一生歲月奉獻給這偏遠窮困的山地部落呢？「因爲我們先領受到了耶穌的愛，」張傳教士這麼說；孫神父則說：「全世界我最關心的地方是台灣，在台灣，我最關心的是原住民，」他說：「這是上主的呼召。」「你們要嘗嘗主恩的滋味，便知道他是美善；投靠他的人有福了！」（〈詩篇〉34章8節），我想，奉獻的奧祕就在這裡：嘗到了主恩的滋味。

「我愛你們，正如父愛我一樣，你們要常在我的愛裡」；「你們要彼此相愛，像我愛你們一樣，這就是我的命令。」

——〈約翰福音〉15章9及12節

分享與討論：

一、愛是一個動詞，再怎麼美麗的言語，總不如實際的行動可以讓人感受到愛；許多人窮其一生追求愛、卻又終其一生活在愛的匱乏感中；但是，不要灰心也不要絕望，生命裡有個終極的愛的源頭，來自上帝，因為這個世界上最神奇偉大的行動，就是上帝的創造；我們的生命氣息，豈不就是上帝愛我們的證明嗎？好好愛惜生命，好好傳揚這分愛。

二、請分享一個你感受到自己被愛著的經驗。

72 學習順服

默想：我在訪韓行程的諸多經歷中，有一個非常特別的項目是「順服」。或許是二十年媒體工作的職業慣性，我向來不是個順服的人，對那些明顯「看來」不合理的人與事，尤其不會悶不作聲。

這次出發前曾和教會裡一起去的姊妹交通，其中有姊妹問到最後兩天下午的首爾city tour要做些什麼，我說，其實整個韓國行，我只關心禱告山和聚會的行程，「其他的我都不care，所以也沒興趣了解」，神可是記住了我的這句話。

行程進行到最後兩天，我才知道，city tour是去首爾的「家樂福」、「明洞」、「東大門」逛街購物。當我知道了這樣的行程後，第一時間就決定找同團的牧師理論，這是什麼爛安排？東大門不過就是台北的西門町；明洞跟東區相去不遠；去家樂福更可笑，台灣不是到處都有嗎？

我決定脫隊去逛我想逛的地方。

我走到牧師面前，正準備大動干戈，神叫住了我：喂，你不是說，這趟行程，你只在乎禱告山和汝矣島純福音教會聚會的部分，其他的，你根本不放在心上嗎？什麼叫做・根・本・不・放・在・心・上、隨便他？你這麼憤怒，意味著你實在很在乎禱告山以外的行程！

說的也是。所以我又轉回頭去，在家樂福，找了個角落禱告。

在禱告中，神光照我，這是個幾千人的活動，不允許有人脫隊自由行，否則出了麻煩，沒人能負責。反正這兩個下午的行程本來就不在我的規畫裡，逛不逛街、能不能自由行，沒差。

這兩個下午，我都就近找了星巴克，看完靈修經文加上一本小說《戴珍珠耳環的少女》和厚厚的大半本《風之影》，享受了在台北忙碌工作中難得的閱讀時光。當人群集合時，我還捨不得站起身來；小說太好看了。

當我看到其他團員笑逐顏開、大包小包回來時，我突然領悟到，訪韓行程裡是不是應該有逛街購物的安排，可能見仁見智，並非我原來所想的那麼「絕對不可」。有個姊妹告訴我，這是她第一次出國，「逛街走走看到不少新奇的東西，很有趣。」

關於這次訪韓課程和行程的安排，我的確有些意見，想在回來後做個整理再交給主辦單位。但當下我願順服，並在對領隊干擾最小的前提下，自己想辦法解決我對逛街購物沒興趣的問題。我想，應該讓主辦單位比較好做事、也減少他們的壓力，畢竟幾千個人的團體活動是不容易安排的。

我在韓國這幾天，大部分的時間都處於狂熱激動狀態，情緒滿溢；這兩個下午，在首爾鬧區，一杯咖啡一本書，我的心，意外的，十分平和寧靜。對我來說，這應該也是訪韓靈修的一部分。

又當存敬畏的心，彼此順服。

——〈以弗所書〉5章21節

分享與討論：

一、在這個追求個人自由意志的時代，人們最在乎和重視的往往是自己所受的待遇，遇到不合心意的事，就勇於發聲表達，以追求所謂的「自由公平」為目標，因此常常會看到人們各種抗議行動；然而在信仰中，有一個很重要的元素卻是順服，特別是經過禱告後的順服，是信仰的一大功課。並不是因為基督徒患有集團弱智症，而是因為我們知道人的認知、理智、感受是會有偏見與盲點的，我們並無能力觀照全局，因此願意順服上帝全能的安排與計畫；這或許是出自我們自己一次一次真實的經驗，也因為，耶穌自己為我們做了順服天父的最佳示範。

二、請分享你是否曾壓抑或克制自己的感受、需要，配合團體行動，結果如何？

73 用心靈與誠實互相交流

默想：韓國友人在路上為我和另一位姊妹攔了一部計程車，道別時，我們一起說了聲：「Hallelujah」（哈利路亞），計程車司機一聽，回過頭來，大聲說了句：「Hallelujah」。

司機開始吹口哨，旋律是我們共同都很熟悉的老福音歌曲，我的口哨向來吹得不差，這會兒便和司機應和著。我們語言不通，但是在熟悉的旋律裡，眞有一種靈裡合一的感動，一旁的這位姊妹直說：「太棒了，這段路程太棒了。」更棒的還在後頭。

我們吹完彼此都熟悉的詩歌之後，司機開始用韓文唱詩歌，旋律非常活潑，接著，我用中文唱詩歌〈最知心的朋友〉……輪流唱、高聲唱，小小的計程車裡，我們未發一言卻已全然交流。司機後來打開車上音響，放起韓國的敬拜讚美詩歌了；下車時，他突然抽出這卷錄音帶、回頭把它遞給了我們，仍是什麼也沒說的，我們便懂得了一切。

這段在韓國的經歷眞是叫人回味再三；那種同感一靈，眞是不必語言溝通。在韓國參加教會的活動時，常常聽敬拜讚美團唱韓文詩歌，儘管不知道他們唱的詩歌內容，卻心領神會、感動落淚。

二〇〇五年暑假有個拉托維亞（Latvia）的交換學生住在我家，禮拜天，我帶他去我的教會。在中文敬拜與講道中，我看見一句也聽不懂的他，淚眼滂沱。事後，他告訴我，在聚會的過程中，「有巨大的聖靈感動」，當時不懂，如今稍見堂奧，這位韓國計程車司機，不就和我們以各自的語言，用心靈和誠實，一同敬拜著同一位神嗎？

後面的這段經文是耶穌與撒瑪利亞婦人在井邊的談話；熟悉以色列歷史的話就知道，猶太人和撒瑪利亞人是世仇，彼此間不相往來、高度對立、相互歧視。當北國以色列在主前七二二年被亞述帝國毀滅後，亞述帝國刻意藉著混雜各地民族來消滅原有的民族，異族彼此通婚後便形成了撒瑪利亞人；猶太人認爲撒瑪利亞人是很不純的種族，非常瞧不起，這是爲什麼撒瑪利亞婦人要在中午打水的原因，因爲那時日頭正熱，人比較少。

而彼此仇視的結果之一就是，猶太人和撒瑪利亞人各有各的敬拜場所，並堅持自己才是對的：一方說敬拜的地點是在基利山，另一方說是在錫安山，爭論不休。因此耶穌才在與撒瑪利亞婦人的談話中點出敬拜的眞正意義：「神是靈」，這表示神無所不在，不受任何拘束，也不受制於任何形式，所以崇拜並不是要到某一個地方去，眞正尋找神的人到處都會遇見祂。崇拜的關鍵在於我們有沒有預備好自己、有沒有誠心的面對神？

敬拜不是「地點」的問題，甚至，不是語言的問題，而是「心」的問題！敬拜必須從心裡發出，也必須以眞理作爲基礎。

> 那真正拜父的，要用心靈和誠實拜他，因為父要這樣的人拜他。神是個靈，所以拜他的，必須用心靈和誠實拜他。
>
> ——〈約翰福音〉4章23、24節

分享與討論：

一、如果上帝真的是「國際牌」，我們身為祂兒女的人當然就能夠跨越人為的障礙，一同在敬拜讚美中，感受到上帝的同在。信仰當然有理性的部分，需要透過知識系統的幫助，對神有更清楚的認識，但信仰生命的成長，也不單單靠這些理性的認知，信仰深刻的體會常常來自感性的體悟；在一個陌生的環境下，我們的感性部分被開發出來，因為當我們被迫放掉慣性溝通的工具，如語言、文字，我們方得以進入心領神會的境界；所謂「得魚忘筌」，或許也可做如此解釋吧。

二、請分享你是否曾經有過在言語不通的情況下，用心靈、誠實與人溝通的經驗。

74 名利的誘惑

默想：二〇〇六年在澳門的「第七屆世界華人福音會議」裡，《標竿人生》作者華理克牧師（Rick Warren）做了一個見證。

華理克說，這本有十八種語言的超級暢銷書，單單版稅就超過千萬美金以上，這也給他帶來名利雙收的試探。經過禱告後，他作了一些決定：一，不改變原有的生活方式，他和家人仍然住在已經住了十四年的房子、開已經開了六年的福特汽車，不買一般有錢人會買來象徵身分的東西；二，開始不從教會受薪，並將過去二十年的薪水奉獻回教會；三，成立三個慈善基金會，一爲幫助愛滋病患者，一爲培養傳道人（到任何國家培訓都自費），一爲環球和平基金會；四，反轉什一奉獻的作法，奉獻百分之九十，留下十分之一自己用。

這兩、三年來，各地球教會掀起《標竿人生》熱潮，全球銷售超過一千四百萬冊，是美國有史以來最暢銷的非文學類精裝書；在台灣，包括我的教會和我在報社的團契，許多教會都參與了由華理克牧師這本書所設計的「六周靈性計畫」，這已成爲一個全球性的靈性復興運動。

或許是《標竿人生》的超級暢銷，再加上過去幾十年來，投入文字事奉的人愈來愈多，終於使得基督教類書籍成爲一個重要的出版文類，也培養了許多「百萬白金暢銷級」作家。《今日美國報》（USA Today）就曾針對基督教作家的崛起做過專題報導；即使在基督徒人口比例不高的台灣，以修道院靈修寫成的管理書《僕人》也賣了近二十萬冊，促使非基督教出版社的出版業者也開始投入基督教相關書籍的出版。

屬靈書籍的暢銷當然是我們所樂見的，不過，對這些暢銷作家而言，成名後，財富與影響力暴增，卻是一個很巨大的挑戰，這些人因爲著作或者佈道成爲「眾人的導師」，很容易就陷在種種誘惑裡，如果沒有繼續保持儆醒，很快會讓自己與神的關係變質，逐漸成爲「反見證」，例如有些電視佈道家成名後，過著令人眼花撩亂的奢華的生活。

我記得看過美國《商業周刊》（Business Week）一次封面故事報導「福音是個好生意」，說現代人因爲生命空洞、生活失焦，愈來愈多人向信仰尋求幫助和力量，也使教會「業績」愈來愈好，其中，有些福音機構漸漸就忘了他們初衷爲何，而致力於「人的事業」的擴張。

在末後的世代，爲主大大得人當然是一件重要的事，但是求主也保守這些有機會成爲百萬暢銷作家、千萬佈道家的人，讓他們記得自己僅是神的僕人、神的器皿，他們不是信仰舞台上的主角；求主幫助他們勝過這些屬世的功成名就的試探，不讓他們在成爲具有影響力的領袖級人物後，反而迷失了自己、絆倒了眾人；也求神幫助眾人，讓我們永遠只定睛在神的身上，而不是將這些人視作偶像。

我很佩服華理克牧師的作爲，也感謝神對他的帶領，因爲我可以想像得到，他做的事，有多麼不容易。

「我心尊主爲大，我靈以神我的救主爲樂」（〈路加福音〉1章46節後、47節），願父神天天把這兩句話放在有影響力的屬靈領袖心裡，天天提醒他們。

> 但那些想要發財的人就陷在迷惑、落在網羅和許多無害的私欲裡，叫人沉在敗壞和滅亡中；貪財是萬惡之根，有人貪戀錢財就被引誘離了真道，用許多愁苦把自己刺透了。
>
> ——〈提摩太前書〉6章9、10節

分享與討論：

一、貧賤不能移、富貴不能淫、威武不能屈，這三件事情，哪一件比較困難？或許每個人的狀況都不同，在人生的不同階段或許挑戰也不一樣，孔子不就說過人生三戒是「少之時，血氣未定，戒之在色；及其壯也，血氣方剛，戒之在鬥；及其老也，血氣既衰，戒之在得。」每個人的生命困境或許都不盡相同，有時我們也很難讓別人真正地了解我們的難處，但是別忘了上帝是大能的主，我們要學習在上帝面前切切禱告、將自己的軟弱真誠交託仰望，懇求上帝與我們一同征戰，勝過世上的種種試探。

二、請分享你是否曾有戰勝外在誘惑的經驗，過程如何？

75 可憎之物

默想：在猶大諸王中，有八位敬神的好王，亞撒是其中的一位，他一生都行耶和華眼中看為正的事，像他的祖先大衛一般，向神存誠實的心，他聽從先知的話，毀掉可憎之物。

所謂的可憎之物包含三個，一是異教的偶像，二是祭拜偶像的相關活動，第三是祭拜偶像的祭物，「亞撒聽見這話和俄德兒子先知亞撒利雅的豫言，就壯起膽來、在猶大、便雅憫全地並以法蓮山地所奪的各城、將可憎之物、盡都除掉」（〈歷代志・下〉15章8節）；「亞撒王貶了他祖母瑪迦太后的位、因他造了可憎的偶像亞舍拉。亞撒砍下他的偶像、搗得粉碎、燒在汲淪溪邊」（〈歷代志・下〉15章16節）

亞撒王毀棄異教偶像需要「壯起膽來」，因為他的祖母把偶像帶進宮中、還主持祭祀活動；亞撒若想破除猶大國異教崇拜的邪惡風氣，首先要面對的就是自己的長輩。所謂的「傳統」、「民間信仰」常常就是由家中長輩所傳承下來的，對被動接受這些傳統的後輩來說，要對這些不討神喜悅的事與活動說「不」，實在是一大考驗，需要迫切禱告，求神賜下膽量與智慧。

教會裡有位姊妹說，她在結婚前就對先生和篤信一貫道的婆婆說得非常清楚，因爲信仰關係，她不拜拜，一開始就先把事情談開了，她覺得節省了很多後來爭執與溝通的困難。另有些姊妹則因傳統價值觀重男輕女，家裡對女孩子要不要參與祭拜一事比較沒有那麼在意，因此逃過一劫。但有身爲長子的弟兄就沒有辦法輕易過關，爲了拜拜的事幾乎與家庭決裂，但是他把這事放在禱告裡，堅持下去，最後神開了路，這路怎麼開的呢？上帝直接柔軟這位弟兄的父親的心，老人家也接受了福音；這眞是治本的辦法。

每個人處理神「可憎之物」的過程不盡相同。有次跟一位保全業弟兄聊天，這位弟兄的公司在台灣保全業排名前十大。保全業因爲常常會與黑白兩道甚至無間道打交道，因此幾乎每家公司都會擺上一尊關公像，以茲庇護；這位弟兄當然不會在台北的總公司裡放這個，但中南部分公司全都不能免俗地擺了關公像，不擺，員工心裡會不安。爲了這個，這位弟兄花了好一番功夫一一說服分公司主管；因員工得罪黑道，黑道揚言對付，他親自赴會談判、順利解除了一場可能的危機，員工大大折服；雖然不一定已經成爲基督徒，不過分公司主管們也從此甘願把辦公室裡的關公像拿掉，換上十字架之類。

作老板的當然可以一聲令下，全面禁止各地分公司不可放任何偶像，但這個行業就是有這些傳統習慣，不這樣做，恐怕員工心裡有難處，所以這位弟兄選擇用比較柔軟的方式，用多一點的耐心處理。

珍惜神的話、讀神的話、敬畏神、嚴肅看待神的話、持守神的話，終會得到神的保守與祝福。亞撒王在位期間，國中太平，沒有戰爭，因爲耶和華賜他平安，神喜悅他。

亞撒將他父所分別為聖、與自己所分別為聖的金銀和器皿都奉到　神的殿裏；從這時直到亞撒三十五年，都沒有爭戰的事。

——〈歷代志・下〉15章18、19節

分享與討論：

一、面對一些有違信仰的物件、行為，到底我們應該當下就「不假辭色」地嚴格拒絕，以表達信仰的立場，還是可以用緩兵之計的心態「虛與委蛇」一番，待「天時地利人和」時再處理呢？在不同的情況下，可能很難有一個標準答案；如果我們不是當事人，在沒有明確了解當事人所處的主客觀情境及上帝心意的情況下，可能應該謹記不要太快論斷，免得留下太大的壓力，反而讓當事人徬徨失措；如果我們是當事人，則要切切尋求神預備合適的條件，並賜給我們勇氣，早日擺脫神所不喜悅的狀態與物件。

二、請分享在信仰的道路上，曾經遇到什麼樣的攔阻，你是如何面對和處理的呢？

76 走出舒適圈

默想：上帝要亞伯蘭離開本地本家，給了他祝福三應許：一，賜福給你；二，別人因你得福；三，萬族都要因你得福。這是上帝為亞伯拉罕所定下的一生計畫，由近及遠，從自己到別人到萬族，依次都得到祝福。

上帝要藉著我們使「別人」得福，這是一件多麼美好的事；信仰絕不只是關乎我們個人的事而已，信仰，是個連續蒙福的連鎖事件，關鍵在於，神的兒女能不能、願不願意成爲祝福的管子，把更多上帝的美好信息、醫治、愛，帶給世人？

某天下午有個機會與一位企業界的弟兄聊天。他在四十歲時離開某大企業集團，因爲神給了他一句如同當年神給亞伯拉罕的話：「你要離開本地、本族、父家，往我所指示你的地方去。」（〈創世記〉12章1節）但他並不知道神究竟要他做什麼，經過一段禱告尋求的過程，他決定創業。

起初，事情很不順利，因爲他連要賣什麼產品都沒有概念，他把自己完全交託給神，他說，既然創業是神的帶領，神必會爲他指出方向，「神會爲我負責」，經過一番苦痛的創業過程，這位弟兄如今已成爲一個算是成功的中小企業負責人，做的是目前最時髦的晶片（智慧）卡功能整合。

但這就是神當初要他從大財團那安穩的位子裡出來的目的嗎？這位弟兄向上帝禱告，神啊，成爲大國、叫別人得福，就是如此嗎？

這些年，台灣經濟變化快速，有能力做全球佈局的大企業或有更寬闊的發展計畫，但絕大多數規模很小的中小企業卻很不容易面對這麼巨大的挑戰，甚至於有生存的危機。「我看到好多企業負責人不快樂，終日愁眉不展，」這位同樣也是中小企業負責人的弟兄，明白了他能夠在這樣的時代，爲主做什麼、爲人做什麼。

他開始非常有計畫也積極地進行「企業傳福音」服事。把屬天的平安分享給那些整天爲業績、爲財務、爲公司發展憂心焦慮的中小企業負責人。一位他的協力廠商老闆，雖然有人人稱羨的事業，但他卻告訴這位弟兄：「我快被工程煩死了，眞希望我的人生可以馬上結束。」這位弟兄聽了嚇一大跳，原來看起來成功的人，身上卻背負了如此的重擔，他用「凡勞苦擔重擔的人可以到我這裡來，我就使你們得安息」（〈馬太福音〉11章28節）開頭，與這位協力廠商連續談了五、六個鐘頭，當晚，這位協力廠商就決志了，也很快地受洗了。

前兩天，這位弟兄遇到這位協力廠商，聊起近況，他說：「我還是一樣的忙，業績還是一樣的不確定，」但是，協力廠商說：「如今我的心裡有平安，有神的帶領，一切都不一樣了；謝謝你把福音傳給我。」

這位弟兄說，因著信仰，原來我們眞的能夠讓別人得福。

爲什麼要離開本地、本族？現在他明白了。台灣有百分之九十八的公司屬於中小企業，在巨變的時代，他們太需要福音了，什麼樣的人最適合把福音傳給他們？神爲這位願意爲福音擺上的弟兄，安排了這個身分：同樣走過創業之苦的中小企業主；他懂得那些中小企業老闆。

常常，我們走過的幽谷、流過的眼淚，會成爲他人的祝福；如果，我們願意如耶穌一樣去聆聽、去付出、去愛。

我必叫你成為大國，我必賜福給你，叫你的名為大，也要叫別人得福。

——〈創世記〉12章2節

分享與討論：

一、離開舒適圈不是一件容易的事，特別是如果你並沒有碰到什麼明顯過不下去的狀況，上帝要你走出去，你願意嗎，你敢嗎？我們的人生「行到水窮處」都還不一定願意讓出發球權給上帝，何況在太平歲月裡？但上帝的計畫是整全的，長遠的，有時我們要過了很長一段時間才能明瞭神的心意；如果每件事情都要通過我們理性的關卡後，我們才願意行動，那麼上帝的福音要等到什麼時才能遍傳？不要讓我們的短視無知耽誤了神！

二、請分享你憑信心在人生所跨出的一大步，你遭遇了什麼樣的挑戰、結果如何？

77 助人以忘記自己苦痛

默想：教會有位年長的姊妹分享了她最近的服事經歷。

她是一九七〇年代中後期、越共取得政權後，最後一批逃出越南的難民。逃難期間經歷的生死苦難就不提了；後來她輾轉來到台灣，一直有很強的福音負擔。三年前，她發現自己患了癌症，開刀、化療、進了手術房，心裡掛念的是怕中斷了傳福音的工作。

「治療的過程很苦很痛，我這才能體會耶穌當時被釘在十字架上，身體上是承受了多大的折磨，」這位年近七十的老姊妹這麼說：「邊想，就邊流眼淚，耶穌爲我這罪人眞是白白受苦。」

病榻上，她想的，竟不是爲什麼要得這莫名其妙的癌症，而是從自己的痛苦去體會了耶穌的心，因而愛主日深、傳福音的行動力愈強；完全不在意的，是自己的病軀，「原來，基督的愛激勵我們」（〈哥林多後書〉5章14節）。

我曾和這位姊妹一同進行海外短宣，在忙碌的行程中，比她年輕許多的我，中午時分都得稍爲歇息一下，相信當時已患癌症的她卻因爲會針灸，馬不停蹄地爲來參加特會的人扎針，一刻也不得閒。說實在的，除了因為上帝的愛，我不能解釋她的精力從何而來。

這幾年，台灣外勞愈來愈多，越南來的也不少，這位姊妹找到了新的服事方向。她主動和某家聘僱了大批越勞的電子廠外勞管理單位聯絡，希望能提供一些服務和幫忙。畢竟這位姊妹來自越南，能說越文也能做越南菜，和這些越勞能聊得上，也能聽他們訴說異地打拚的寂寞心情與身體上的勞苦。

這個服事是從「關懷這些異鄉勞苦者」開始的，這位姊妹表明了她的信仰，雖並不以信仰為唯一的溝通話題，但是，當然，耶穌的安慰與盼望，最終一定是這位姊妹帶給這些寄居者的福音。這位老姊妹說，沒想到會說越南話，有一天，能派上這樣的用場。

復活節時，她取得工廠同意，為這些越勞舉辦了一個主日崇拜聚會。這是她去這個電子廠進行越勞探訪好一陣子後，第一次的正式信仰聚會；參與的人九成五舉手決志，看來，他們真的等待這個信仰很久了……。

我在帛琉（帕勞）短宣時，遇到一對從山東來的兄弟，他們同時被「騙」來做工，心裡本來充滿怨與恨，沒想到卻在異地認識了主耶穌基督，我清楚記得弟弟是這樣說的：「我為有機會來到帕勞，獻上感謝，原來，來這裡，不是為了賺美金而是賺人生。」來此做工的人學歷都非常低，這樣的話本不屬於他們的慣常語彙，必然是真真實實的經歷，才能讓他開這樣的口。

這位老姊妹不只是在台灣的工廠宿舍安慰越勞疲乏勞苦的身心而已，更為他們帶來關乎生命的好消息。盼望，有一天，當他們離開台灣時，也能和那位山東弟兄一樣，明白自己不只是賺到了錢，更是贏得了一個全新的人生，這，肯定超乎他們本來的所求所想。而這一切是開始於一位癌症天使。

你們知道我頭一次傳福音給你們，是因為身體有疾病。

——〈以弗所書〉5章13節

分享與討論：

一、當我們將眼光從自己的身上移出去時，我們常常也就因此而有機會脫離困局，一方面是因為我們不斤斤計較、在意自己的問題，比較有可能有「旁觀者清」的空間，也就比較容易找出處理或者解決的辦法；另一方面，當我們看到別人的需要時，我們會領悟到一種苦難的普遍性，理解到原來自己並不是世上惟一受苦的人，會鬆開緊繃的心；如果能夠更進一步對別人的需要伸出援手，那更是放下自己痛苦的良方。

二、請分享你是否曾經因為幫助別人，反而解決了自己的困境的經驗。

78

平衡的人生

默想：以法蓮是北方以色列國的另一名稱。神藉著先知何西阿的口指出以色列人是「未翻的餅」，說明他們在信仰上的失衡狀態。

如果有一塊餅一直只烤某一面，卻不翻過來烤另一面，那麼一直被烤的這一面會是焦的，另一面卻還是生的，其結果就是這整塊餅都不能吃；如此，豈不是浪費烤餅的一切原料和時間，於人有何益處呢？

何西阿生活的時代，是北國耶羅波安二世，這是以色列最爲富足的時代。然而，就在這世代裡，以色列人卻因爲與鄰國「太無界線」，因而受到影響，一方面在信仰上背離神、崇拜異族的偶像；二方面，爲了抵抗強敵，以色列在軍事、外交上積極地尋求外邦的協助，卻竟然未曾仰望萬軍之耶和華——對屬世力量的倚賴與對神的忽視，這豈不就是一熱一冷、未翻之餅的寫照嗎？

這種冷熱的對比當然不是只發生在以色列，我們的生活不也常常跟未翻之餅一樣，熱中於世上的事，卻對神的事呈現出冷冰冰的態度；花很多時間與人閒扯淡，卻花很少的時間與神交通，這，也是未翻過的餅。

更進一步看，有些人的生活與信仰呈現出偏頗狀態、失去平衡。某次聚會時，有個男同事跟眾人聊起他的痛苦經歷。他的妻子是一位非常熱中於宗教活動的人，常常參加宗教組織的活動而在台灣趴趴走，主要都是去助念、探訪什麼的。他妻子所做的當然都是好事，她還常告訴先生是在幫他積功德。問題是，同事說，家裡小孩沒人管、寄鄰居家，家事沒人做，「沒看過比我家更亂的家」；從事新聞工作的他，回到家已經很晚了，卻常發現家裡竟空無一人，讓他覺得這個家實在太沒溫暖了。

更慘的是，妻子未經他的同意，捐了一大筆錢給宗教組織，「換回一個榮譽職」，通常這種榮譽職是企業家才會去「爭取」的，「我一個小記者，有什麼資格做這種事？」這位同事的結論是：「做好事的信仰卻害我幾乎家庭破碎」。我想，這就是未翻之餅的例證吧。這位同事的妻子恐怕不知道，其實她在自己的先生、家人面前，爲她的信仰做了最負面的「宣傳」。

在信仰中，的確有人只專注於屬靈生活的追求與投入，卻忘了他在世爲人的責任與本分。有人只在乎屬世的榮華，卻忽略了上帝的榮耀；有人一心只專注客觀的眞理，卻忽略了要去眞眞實實地經歷神。也許是見樹不見林、也許是見林不見樹，總之，我們很容易在某一點上偏執而忽視了眞理的其他面向。

炒菜、煎魚時，在適當的時候「翻面過來」是很要緊的，時間抓得不對，會讓一面焦一面生。「翻過來」才能讓平衡出現，有時，這個翻過來的動作還要持續地進行，不是一面完全烤熟了才翻到另一面，而是這一面烤一會兒、翻過另一面再烤一會兒，然後再翻回來……。一直反覆進行，直等到整個餅全熟。

未完全的順服、仍然有未交出的主權、對神仍保留不許過問的空間、自我中心，這就是未翻之餅；在教會裡謙卑乖巧，面對家人卻不耐暴躁；滿口仁義道德、行爲卻荒唐放縱，這表裡不一就是未翻之餅。當我們發現白天的自己與夜晚的自己、群眾之中的自己與孤獨一人的自己，很不一樣；在神的話語與行爲表現上，大有差距，我想，就到了該在神面前禱告的時候了：「主啊，願你翻動我，大大的翻動我，好叫我在你面前能夠逐漸趨於一個靈命成熟平衡的狀態。」

以法蓮與列邦人摻雜，以法蓮是沒有翻過的餅。

——〈何西阿書〉7章8節

分享與討論：

一、除非的確領受來自上帝明確的帶領，不然，我們不可忽略在世上既定的身分及角色所賦予的責任。如為人子女和為人父母，我們有應該要做的事，要盡的義務，如果沒有經過詳細的思考與規畫，不該因為一句我「要服事主」就撇下不管；其實，好好地在上帝所交託給我們的人倫責任裡盡忠職守，也是服事上帝的方式；愛主，就是要餵養祂的羊，對很多人來說，最親近的家人、朋友，豈不就是最近、最需要餵養的羊？

二、你是否曾過著不平衡的生活？請描述那種狀況，並請分享你如何改變那不平衡的狀態。

79 在不可能中看見可能

默想：帛勞（台灣稱「帛琉」，Palau）華人宣教中心教會工程經過兩年多的建造，目前已經完工，帛勞教會的事工對象是在帛勞的華人，主要是來自中國大陸的華工，教會的負責人是韓國籍的李洪元牧師，包括師母和一兒一女，他們一家人都在帛勞服事華人。

我在帛勞時曾遇到李牧師並有一談。當時教會工程已接近完工，但資金仍不足，他要回他韓國的母會募款，取道台灣看看老友。

我在二〇〇四與二〇〇五兩年，兩度到李牧師的帛勞教會進行短宣。二〇〇五年的那次特別有意思，因爲短宣隊正好在陳水扁總統要訪問帛琉的前兩個禮拜左右到達，作爲媒體工作者，我豈能放過這樣的新聞現場？於是透過外交部安排訪問了帛琉總統雷蒙傑索（Tommy Remengesau, Jr），除了爲阿扁總統的帛琉行做事前報導外，也特別請我教會的陳志宏牧師爲雷蒙傑索總統做了一段祝福禱告；台灣牧師爲友邦國家總統祝福禱告，這應該是歷史頭一遭吧。

沒到帕勞前，我對這裡的印象比較接近「帛琉」，這兩個譯名給人的印象完全不同，帛琉聽起來就像是個美麗的度假聖地，帕勞，卻有如包裹勞工血淚的帕子。

兩次短宣，我看到和旅遊書裡完全不一樣的帕勞，這裡有許多來自中國、特別是東北地區的勞工，他們大多是被騙來「賺美金的」。仲介販子把這裡的工作形容得如同天堂，來了之後才知道完全不是那麼一回事，但仲介費已付、老家又那麼遠，只有硬撐下去。第一年，白幹活，第二年，白幹活，第三年開始，拚了命也要把前面浪費的時間賺回來。

帕勞的氣候跟東北天差地遠，食物也完全不同，這些華工苦不堪言。

我從來沒有想過度假天堂一般的帛琉，有這樣一群身心靈疲倦痛苦的人，而且是華人同胞；但上帝聽到了他們的苦情，並且早一步感動了韓國籍的牧師，在異鄉爲他們建造一個家。

帕勞宣教中心完全是仰賴信心建造的，這裡本來是一片荒地，從整地開始，到建堂砌的一磚一瓦都是牧師帶著教會弟兄親力親爲，建堂資金則是靠各地基督徒，特別是李牧師韓國母會和台灣一些教會的弟兄姊妹一塊錢一塊錢奉獻來的。

工程常常在完全沒有錢的情況下發包，人的路常常幾乎走不下去，李牧師與師母禁食禱告，神清楚告訴他「我必在曠野開道路，在沙漠開江河」（〈以賽亞書〉43章19

節）。他們緊緊抓住神的話；水電工程差一萬美金，可以募款的對象都募過一輪又一輪了，牧師不知下一步在哪裡，只有迫切再迫切地禱告。一位在韓國的老姊妹忽有感動，奉獻一生僅有的積蓄合計一萬美金，帕勞教會從此水電無虞……在上帝的事工裡，這樣的故事太多了，說也說不完。

我看著帕勞華人教會在荒地中蓋出聖殿，看著眼前這位為了華人白了頭、付出一切的韓國牧師，心裡對上帝無限敬畏並且不住讚美，李牧師相信上帝的應許：「凡你們腳掌所踏之地，我都照我所應許摩西的話賜給你們了」（〈約書亞記〉1章3節）。而我，深深祝福帕勞教會的弟兄姊妹們，在這完工的聖殿裡，源源不斷地接收來自上帝的安慰、祝福，與無盡的愛。

> 遠方的人也要來建造耶和華的殿，你們就知道萬軍之耶和華差遣我到你們這裡來；你們若留意聽耶和華你們神的話，這事必然成就。
>
> ——〈撒迦利亞書〉6章15節

分享與討論：

一、在信仰中，「明知不可為而為之」的「明知」，指的是按人的知識與經驗所知道的情況，而「為之」則是按著上帝的心意與計畫而行。我們願意在看來「還欠東風」的環境條件下跨出一步，靠的不是暴虎馮河的愚勇，而是因為我們深切知道，上帝是一切的創造者，祂可以調動、調配資源，成就一切。如果清楚地聽到了神的呼召，也經過了充分的察驗，那就勇往直前吧，因為神必會預備。

二、請分享是否曾經經歷上帝奇妙的帶領，完成本來認為不可能做到的事。

80 美好的生命

默想：丹麥有句諺語說：「生命是上帝給我們的禮物，而如何使用生命，則是我們回饋給上帝的禮物。」

上帝給我們的是什麼樣的禮物呢？「祂使我躺臥在青草地上，領我在可安歇的水邊」（〈詩篇〉23篇2節）；一個人可以躺臥、然後還在可安歇的水邊，這表示他是在一個吃飽喝足的狀態裡，整個人是非常舒適的。

還有，恩惠慈愛「隨著我」，多好！這些好事是跟在我們後面的，上帝愛我們，甚至不是叫我們一直去「追」那些恩典，而是讓那些恩典「跟著我們」，這是上帝賜給祂兒女的福利：神的恩典不是「苦其心志、勞其筋骨」拚命追求，而是讓我們在一個很舒服的狀態下，享受神的愛與豐盛賜予。

那麼，我們是如何運用神給我們這美好的生命呢？我認識一位年長的姊妹，她在三十八歲時被診出得了癌症，醫生說她生命不超過三個月，她一聽心裡就沮喪了，人生只剩下三個月還有什麼戲好唱的？這位今年已超過六十歲的姊妹就每天在家裡怨天尤人，家人也被她搞得受不了。後來回想起來她也很不好意思，「老公整天挨罵。」

有一天，她看到了一盆開得正盛的花，看著花，她突然被那植物的生命力感動，心裡想，如果一朵花都可以開得這麼好，爲什麼自己不能呢？應該努力讓自己的生命不論長短都有用，就算只活三個月，也讓這三個月有價值。

當她如此轉念，上帝的「使命」就立刻臨到她身上，上帝開始使用她。她在家附近開免費的福音托兒班，讓小朋友有機會接觸福音，進而也使得小朋友的家長可以「耳濡目染」。她到醫院去做義工，而且是去癌症病房，因爲她自己也是個病人，對那些被病苦、絕望折磨的人，就特別有安慰作用，很多志工在癌症病房安慰不了的人，這位姊妹出馬，總能感動人心。近三十年間，癌症在全身移轉，連腦子裡都有，但上帝至今還留存她，「上帝留我，就是要我作工」。

人們都稱她是「癌症天使」，得過各種志工獎，當然她志不在此，她一心只爲傳講神國的福音。她開玩笑說：「我眞的得了一種癌，叫做快樂癌，有神的同在，不快樂都不行。」她的喜樂帶給無數病友重新面對生命的勇氣，更讓許多人因著她的緣故，認識她背後那位讓她能夠這麼喜樂的神。

她用自己的生命去傳福音，就像是保羅說的：「無論是希臘人、化外人、聰明人、愚拙人，我都欠他們的債，所以情願盡我的力量，將福音也傳給在羅馬的你們」（〈羅馬書〉1章14、15節）。

這位姊妹說，一生從主得到太多，醫生宣告她只能活三個月，多出來的每一天，都是神所賜的禮物，不，應該說，自始，生命氣息就是來自祂，因此她也把自己的每一天，當作禮物奉獻給神。

這位姊妹就是廖美喜阿姨，真的人如其名，一個美好喜樂的生命見證。

我要一生向耶和華唱詩！我還活的時候，要向我神歌頌！

——〈詩篇〉104篇33節

分享與討論：

一、認識人生的三個境界，第一是，「比上不足、比下有餘」，因為看到有人比我們倒霉，比我們可憐，所以勉強覺得自己的人生也不差了啦；第二是，覺得「好死不如賴活」，既然有一口氣在，那就活下去吧，就算唉聲嘆氣也一天一天挨下去吧，不然怎麼辦？第三，知道自己的生命乃是上帝美好的創造；世上有六十億人，每一個人都是特別「訂製」的，從基因、性格到外貌都不盡相同，面對如此獨特的生命，我們又怎能不好好珍惜、活出光采、活出力量呢！

二、請分享你覺得生命中一件美好的經歷。

國家圖書館出版品預行編目資料

轉念，遇見幸福：美好人生的80個心靈法則 ／彭蕙仙著. -- 初版. -- 臺北市：啓示出版：家庭傳媒城邦分公司發行, 2007.12
面； 公分. --（智慧書；3）

ISBN 978-986-7470-32-4（平裝）

1. 基督徒

244.9 96021027

智慧書 3

轉念，遇見幸福：美好人生的80個心靈法則

作　　者／彭蕙仙
總 編 輯／彭之琬
責任編輯／黃美娟

發 行 人／何飛鵬
法律顧問／台英國際商務法律事務所　羅明通律師
出　　版／啓示出版
台北市104民生東路二段141號9樓
電話：(02) 25007008　傳眞：(02)25007759
E-mail：ap_press@hmg.com.tw
發　　行／英屬蓋曼群島商家庭傳媒股份有限公司城邦分公司
台北市中山區民生東路二段141號2樓
書虫客服服務專線：02-25007718・02-25007719
24小時傳眞服務：02-25001990・02-25001991
服務時間：週一至週五09:30-12:00・13:30-17:00
郵撥帳號：19863813　戶名：書虫股份有限公司
讀者服務信箱E-mail：service@readingclub.com.tw
歡迎光臨城邦讀書花園　網址：www.cite.com.tw
香港發行所／城邦（香港）出版集團有限公司
香港灣仔軒尼詩道235號3樓　Email：hkcite@biznetvigator.com
電話：(852) 25086231　傳眞：(852) 25789337
馬新發行所／城邦(馬新)出版集團 Cite (M) Sdn. Bhd.
41, Jalan Radin Anum, Bandar Baru Sri Petaling, 57000
Kuala Lumpur, Malaysia.
Tel: (603) 90578822 Fax: (603) 90576622 Email: cite@cite.com.my

封面設計／斐類設計工作室
排　　版／極翔企業有限公司
印　　刷／韋懋實業有限公司
總 經 銷／高見文化行銷股份有限公司
電話：(02)2668-9005 傳眞：(02)2668-9790 客服專線：0800-055-365

■2007年12月初版　Printed in Taiwan
■2013年11月28日初版6刷

定價 260元

 ISBN 978-986-7470-32-4